孫のトリセツ

黒川伊保子
Ihoko Kurokawa

序文

この本は、トリセツシリーズの一環として『孫のトリセツ』と名付けられているけれど、実のところ、孫のトリセツではありません。私たち祖父母が、AI時代を生き抜く孫たちのためにすべきことが書かれています。

ヒトの脳には、ゴール指向型とプロセス指向型という2つの思考回路が内在しています。元来、子育ては、ゴール指向で行われるもの（正しいやり方を教え躾《しつ》けて、さっさと一人前にするもの）だったのですが、AI時代に人類に求められる能力はプロセス指向でしか伸ばせません。そして、脳の特性上、親がゴール指向型、祖父母がプロセス指向型になる傾向が。つまり、ここにきて、祖父母のセンスが、子育ての鍵になりつつあるわけ……！

私たちは、新しい時代の第一世代の祖父母になったのです。孫をどうこうする前に、20世紀型の子育てをしてきた私たちが意識を変えなくては始まらない。というわけで、『孫のトリセツ』と銘打っておいて、意識改革をお願いする本……あしからずご了承くださいませ。

共に未来を拓《ひら》くために、どうぞ、この本のページを開いてください。

はじめに
～孫の人生は、祖父母の手にゆだねられている～

２０２３年、生成ＡＩと呼ばれる人工知能が、一般のビジネスシーンに彗星のように現れて、とうとう本格的なＡＩ時代に突入した。今の子どもたちは、私たちには想像もつかない世界を生きていくことになる。

それがどんな世界かは本編で語ることにして、ここではいきなり結論を言おう。新しい世界で活躍する人材は、甘やかされて育つ必要がある。「いつだって気持ちを受け止めてもらえる」という安心感のもと、脳の中に浮かんだイメージの断片を無邪気に出力する癖を脳につけておかないとならないのである。

たとえ、幼子がミルクのコップを倒したとしても、彼（彼女）がこの星で初めて見る「ミルクの海」を一緒に楽しんでやる余裕のある人が、ひとりでも傍《そば》にいること。

幼子は、大人が困るようなことをするとき、けっして悪意なんかでやっちゃいない。

彼らの降り立った星が、どんなところか確認しているだけ。その気持ちを受け止めてくれる人がいれば、彼（彼女）は自分の脳が正しく機能していることを知り、自分を信じることができる。

ＡＩ時代に活躍する人間に不可欠なのは、なんといっても自己肯定感で、思春期までに手に入れたそれは盤石だ。

20世紀の子育ては、「躾けて、いい子にすること」だった。

親や社会が、（子どもにしてみれば）勝手にルールを決めて、ルールを順守できなければ頭ごなしに叱られる。私たちはそうやって育ったし、子どもたちの世代も多くはそうやって育った。

頭ごなしのコミュニケーションで育てると、脳の中では「上が言うことを疑わず、言われたことを死に物狂いで遂行する回路」が活性化する。組織の中で、精巧な歯車として機能する人材には必要不可欠な資質で、たとえば軍隊では、全員がこういう脳じゃなきゃ作戦が遂行できないし、皆の命も危ない。

20世紀の社会では、大量の歯車人間が必要とされていた。今や機械がやっていることの多くを人間がやっていたから。歯車人間、つまり「上に言われたことを疑わず、迅速に正確にやってのける人材」のこと。こういう脳の持ち主は、塾に通って行う受験勉強が得意だし、大企業では確実に重宝されて出世していった。「躾けて、いい子にする」子育ては、20世紀には、社会の需要とぴったり一致していたのである。「いい子」は、おおむね幸せに生きられたので、その子育て法が否定されることもなかった。

――ところが、AI時代には、そんなわけにはいかない。「いい子」に育てると、残念ながら使えない人材になってしまうからだ。

汎用の優等生の知識はAIが持っている。歯車人間の役割もAIがする。人間に残されるのは、個性を発揮すること。その脳にしか感じられないこと、その脳だからこそ生み出せることばが価値を生む時代になったのである。そんな時代に、子どもたちの脳が感じていることを大人の論理で封じて、「いい子」に仕上げてどうなるわけ？

「上の言うことを疑わずに従う回路」を使うとき、ヒトは「感じたことを顕在意識に上げる回路」を封じる。つまり、歯車人間に「斬新なアイデアを出せ」とか「自分のことばで表現しなさい」とか言ったって無理なわけ。

まぁ、汎用の優等生の脳は、育てるのに楽だし、人に嫌われないので、多少はいいけど、20世紀ほど「いい子」に追い込むことはない。ＡＩ時代を大いに楽しんでほしいと思ったらね。

２０２４年以降を生きる、すべての親と祖父母たちに、この真実を知ってほしい。子どもは、甘やかす時代になったってこと。

もちろん、言うことをなんでも聞くという意味じゃない。言った気持ちを受け止めること。言った通りにするかどうかは、また別の話。

そんなわけで、今からの子育てには、「子どもの気持ちに寄り添い、その言動にイラつかない子育て役」が不可欠ってことになるわけだけど、親たちにそれを求めるのは、かなり難しい。実は、人類の生殖の大いなる仕組みによって、親たちの脳は、子どもに冷静になれないのである。

というわけで、私たち祖父母の登場である。生殖本能の働かない私たちだからこそ、できることがある。孫の親たちをうまくリラックスさせて、孫の気持ちに寄り添い、孫の脳に一生ものの自己肯定感を構築してやること。親たちよりもおおらかに、ときに孫のいたずらを一緒に楽しむくらいのユーモアを。幼い孫にはもとより、成人した孫にだってそうしてあげたい。孫たちが、いつだって、人生を信じられるように。

よくよく考えてみれば、これまでだって、祖父母たちは、多かれ少なかれそうしてきたのである。この世のあまたの動物の中で、人類だけが、生殖能力を失ってなお50年も生きる。本編でも詳しく述べるが、それは、祖父母世代が、人類の子育ての一翼を担っているからである。

本当は、孫を持たない人もこの本を読んでほしい。バスや電車で見かけた子連れの親たちに、優しい目線を向けてあげてほしいから。親が世間を信じることができたら、子どもは世界を信じることができる。

ＡＩ時代、人類の役割は、無邪気な発想に集約してくる。２０５０年の日本のために、この国にもっと無邪気さを――私は、願うように、そう思う。

目次

序文 …… 3
はじめに
～孫の人生は、祖父母の手にゆだねられている～ …… 5

第1章　人類が、生殖能力がなくなってもなお生きる理由

生物多様性の論理 …… 20
孫はなぜかわいいのか …… 22

動物界最大コスト、最大リスクの子育て……24
産む、産まないの自由……25
ひとりっこはかわいそう？……28
親たちを甘やかそう……30

第2章 祖父母の心得

天使が悪魔に変わる？……34
ふたり時間にうまく介入する……35
帝王切開、何が悪い？……36
母乳神話もいい加減にしたらいい……40

ミルク授乳だって、母子連携を生み出している……42
スマホ授乳だけは阻止してあげて……44
母たちは、命がけで世間体を気にしている……46
母親より先に不安を口にしてはいけない……47
「卒乳はいつ？」問題……49
親が優等生すぎると、子どもが発想力を失う……51
この星は、自分のためにある……53
少し図々しくなってあげよう……55
お気に障ったら、すみません……58
孫の無邪気力を守ろう……60
無邪気は○だけど、無神経は×……61

誰が幸せになる家か、潔く決めよう……63
笑顔の力……66

第3章 現代育児用語集

はちみつ問題……70
モスリンガーゼの愉楽……75
背中スイッチ……78
ビーズクッションは優れもの……79
鼻水吸引機も外せない……83
公園デビュー、保育園デビューにワセリン……86

「うんちが出ない」の救世主……88
抱き癖回避は過去の話……91
ねんトレ問題……93
ねんトレには向く親、向かない親がいる……95
答えは子どもが知っている……100
デジタル映像やデジタル音源は、脳に悪い？……102
子どもの脳の指向性は、親が決めるもの……104
早期の外国語教育は、是か非か……106
大谷翔平の、日本語という「戦略」……109
母親の思いで決めればいい……111
与えられるより、出逢うこと……112

第4章　孫との付き合い方

心理的安全性……119
頭ごなしの対話は、若い人の発想力を奪う……121
「俺たちの時代」は終わった……123
心理的安全性を確保する対話術……126
家族の話は「いいね」か「わかる」で受ける……128
イヤイヤ期の地球実験……130
なぜなぜ期は「問いを立てる力」の芽が出るとき……133
幼子の質問を祝福しよう……136
玄関、開けたら、2分でダメ出し？……138

いきなりのダメ出しは、自己肯定感を奪う……140
子どもたちに、ねぎらいを……142
「どうして」を「どうしたの？」に換える……143
家族は甘やかすもの、家は散らかっているもの……145
「叱る」のではなく、「問いかける」、「誘う」……148
よその子と比べない、世間体を言わない……149
ことばの発達が遅い？……151
ことばの始まり……153
絵本の魔法……154
読書と脳の深い関係……156
本好きへの道……158

なぜ読書が一番なのか……160
タブレット読書はだめ？……161
孫が「学校に行かない」と言い出したら……162
「逃げる」脳には、自己肯定感が足りない……165
自己肯定感とは、自分の脳に対する信頼……166
自己肯定感は、生活習慣が作る……167
早起きが自己肯定感を作る……169
朝日は特別……170
おばあちゃんの味噌汁が孫を救う……171
卵は完全脳食……173
幼児の生活習慣については、それほど神経質にならないでいい……174

脳が自信を失うとき……176
うなずいて、ただそばにいる……177
おじいちゃんの五百円玉……180

おわりに
～孫に心の翼をあげよう～……184

第1章

人類が、生殖能力がなくなってもなお生きる理由

孫が生まれて半年ほどしたころ、動物行動学の竹内久美子先生と対談をさせていただいたことがある。お目にかかってすぐ竹内先生が「お孫さん、かわいいでしょう。実は、孫が無条件にかわいいのには理由があるって知ってた？」とおっしゃった。いわく、祖父母には生殖本能がないから、だそう。

生物多様性の論理

動物の脳には、生殖の際に、「遺伝子のバリエーション」を増やそうとする本能がある。遺伝子のバリエーションが増えれば増えるほど、絶滅しにくくなるからだ。寒さに強い遺伝子と暑さに強い遺伝子が混ざれば、地球が温暖化しようと寒冷化しようと子孫は生き残れる。スピードタイプの遺伝子とパワータイプの遺伝子が混ざれば、さまざまな危機に対応できる。

遺伝子のバリエーションを増やすために動物は、五感を総動員して自分と違うタイプの遺伝子の持ち主を探し出して発情する。ときには、よりよい遺伝子の組み合わせを求めて、つがいを変えたり、浮気したりもするのである。

余談だけど、そうなると夫婦って、かなり厳しい関係じゃない？　エアコンの適正温度は違うし、理想的な暮らし方も違う。とっさに見るものが違い、大切に思うものも違う。どちらかが手をかけ心をかけてせっせとやっていることが、もう片方は目にも入らない。だから、ねぎらいのことば一つかけられない（互いにね）。

しかも、夫婦が互いに違う感性を持ち寄り、イラつきながら意思決定することで、生態系の生存可能性が跳ね上がるのである。

夫婦が互いにイラつくのは、実は、脳の想定内。この星の生物が逃れられない生殖というよくできたシステムの一環なのである。私たちは、その「想定内の仕組み」を、相手のせいにしがち。「この人がひどい人だから」「こいつが愚かだから」と決めつけて、うんざりしたり恨んだりしている。

――その不毛、もうやめない？　脳のこの仕組みを発見したとき、私は思わず、そう口に出してそう言ってしまった。その日から30年近くたって、夫婦のトリセツを確立し、多くの夫婦に感謝されているのに、いまだにとっさに夫に腹を立ててしまう……って、本能って、どれだけ強いんだ？

孫はなぜかわいいのか

私たちは、思いのほか強く、生殖本能に誘導されている。

赤ちゃんの親たちの多くは生殖能力最盛期にあたり、彼らの脳は、さらなる「遺伝子のバリエーション」を求め、次の生殖に向かっている。このため、脳が今目の前にある「ひとつの遺伝子セット」に人生コストがかかりすぎるのを、よしとせず、幼子に想定より手がかかると、人生を奪われたような焦燥感を覚えるのだそうだ。

これを言われて、私は合点が行った。33年前、生まれてきたばかりの息子がかわいくてたまらないのに、そのかわいさの度合いとはまったく無関係に、ときどき襲ってくるパニックのような感情を自覚してもいた。午前中、赤ちゃんがすやすや寝ているうちに家事を済ませ、公園に日光浴に行ったら、帰り路に夕飯の食材を買って帰ろう、初夏の風が気持ちよくて、息子も嬉しいに違いない……そんなふうに組み立てた一日が、いやいや、ちっとも寝やしない、家事は一向に片付かない、出かけようと思ったらお乳を吐いて、着替えさせて授乳しているうちに日が陰って公園日光浴を断念、疲れて赤ちゃんと一緒に寝入っちゃって、夕飯の買い物もできなかった、なんて一日に代わってしまった日の暗黒の絶望感は、とうていことばでは言い尽くせない。

育児休暇で日がな一日息子と過ごすうちに、社会に取り残されたような、人生を根こそぎ奪われたような焦燥感に駆られたこともあった。この、こみ上げてくるような衝動に、母親失格なのかと深く落ち込んだ。なるほど、あれは、ごく普通のことだったのだ。

一方、生殖能力が働かない祖父母は、孫に多少手がかかろうが、ここまでの腹から湧き上がってくるような焦燥感はない。自分の子どもとは違う、このおっとりした感覚を、人は「孫は無条件にかわいい」と言うのである。

動物界最大コスト、最大リスクの子育て

生殖本能が強く働く者たちは遺伝子セットの量産に励み、生殖本能に駆られない個体が子育てをフォローする。前出の竹内先生は、これこそが、人類の生殖の仕組みであり、私たちが生殖期間を終えてなお生き続ける理由だとおっしゃった。

考えてみれば、人類の子育ては、動物界最大のコストとリスクを抱えている。

生まれて一年も自立自走できない動物なんて人類だけだ。成熟して生殖が可能になり、縄張りを守り、餌を安定して獲得できるようになるまで、そこからまだ十数年はかかる。そんな子育てを親たちだけでこなすには、人生コスト（時間、手間、意識、金）がかかりすぎるし、リスクが高すぎる。人類の子育ては、大昔から、コミュニティの中で行われてきた。いわゆる核家族のように、子育ての日々の手間のすべてが、親の手にゆだねられるようになったのは、近年のことである。

産む、産まないの自由

竹内先生の話には、余談がある。姉妹の中に子を持たない人がいると、その家系は、より繁栄するという説があるのだそうだ。甥や姪をきめ細やかにフォローしてくれる存在になるから、子育ての質が上がり、子どもたちの人生の質が上がるのである。

人類の子育ては、生殖本能に翻弄されない人の手助けがあって、よりよく機能している。女性の社会進出が進んだ現代、血縁に限らず、子育てに人生コストを奪われていない人たちの存在は、生態系の存続に大きく寄与していると言っていいのではないだろうか。

実際、私も、子どもを持たない女性たちに支えられてきた。彼女たちの母性は、社会を照らすように惜しみなく使われているから。会社のプロジェクトや後輩の育成に、きめ細やかに、意識と手間と時間を使ってくれるから。

子どもに人生コストをかけない人たちが、自分の仕事や趣味にそれを惜しみなく使ってくれることが社会全体を活性化することも見逃せない。

私は、ヒトの脳を装置として見立て、人間関係をネットワークに見立てて、システム分析している。複数のサーバやコンピュータを接続するネットワークシステムでは、すべての装置が目いっぱいで動いているのは危ない。タスクがあふれたとき、システムダウンしてしまうからだ。余裕のある装置を混ぜないとね。人間社会も一緒だと思う。人生コストを根こそぎ奪われる子育てに、すべての人が挑まなくてもいい。

——というわけで、女性たちの産まない選択を、産む選択と同じように祝福しませんか？

本書『孫のトリセツ』をお読みの読者の多くは、お孫さんをお持ちなのだろうけれど、子どもを持たない娘さんやおよめちゃんもいらっしゃるかもしれない。あるいは、職場の同僚や後輩に、知り合いのお嬢さんに。

今や、地球の人口が80億を超えている。私の大学時代（1980年ごろ）、地球人口は40億ほどだったので、過去40年で倍に膨らんだことになる。人類繁栄はもう十分になされていると言っていい。すべての妙齢の女性に「結婚は？」「子どもは？」と聞く習慣、もう、私たちの世代でなしにしませんか？

女性たちが「子どもを持たない選択」を素直に言えて、「おお、その選択もありよね。あなた自身の人生を、思う存分、楽しんでね」と口々に祝福される社会であってほしい。たとえ妊娠しにくい事態だったとしても、不妊治療をしない（続行しない）と決めた瞬間、女性は自ら産まない選択をしたことになる。女と生まれた以上、私たちは、どちらかの選択を迫られるのである。どちらの選択も、絶対、祝福されるべきだ。

産む選択も、産まない選択も、どちらも祝福される社会なら、逆に、孫自慢も心置きなくできるしね。

そして、その産まない選択には、2人目のそれも含まれる。初孫を産んでくれた娘やおよめちゃんに、つい言ってしまいたくなる「2人目は？」も、もうやめよう。

ひとりっこはかわいそう?

先日、90代の知人に、我が家の孫が2歳2か月になったことを告げたら「2人目は? え、まだなの! 早く産まなきゃだめよ、ひとりっこはかわいそうだから」と言われて、なんだか懐かしかった。我が家は一人息子なので、この言いぶり、何百回も聞いたから。

ちなみに、我が家は、夫がひとりっこ、息子もひとりっこ、およめちゃんもひとりっこである。およめちゃんは「2人目には積極的でない宣言」をしているので、おそらく孫息子もひとりっこになるだろう。でも、それがなに?

夫も息子もおよめちゃんも、かわいそうに見えたことがない。たしかに親戚は少なめだけど、お祭りにはそれぞれの友人たちが集まって大賑わいだし、昨日の休日は、お昼ご飯には息子の親友が、晩ご飯にはおよめちゃんの親友が加わってくれた。みんな、もう何年も私のごはんを食べてくれているんだもの、私が死んだら、きっと駆けつけてくれるだろう。ひとりっこ同士の息子夫婦だけど、彼らがそのことで寂しい思いをすることなんて想像もつかない。

そうそう、私の大親友もひとりっこ。誰かと愛情を分け合ったことがないので、がつがつしたところや、卑屈なところが微塵もない。穏やかで、優雅に「ど真ん中」にいる感じがして、なのに誰も押しのけない。そのバランスの良い自我に、いつも感服する。ひとりっこ、ほんと大好き。

「ひとりっこ、かわいそう」論に基づいた2人目プレッシャーも、ひとりっこママには、かなりのストレスだ。私自身は、２人目を産む義務を感じたことはなかった（そもそも子どもを産まずに仕事に生きる予定だったので、１人目のプレッシャーもなかったくらい）。けれど、そんな私でさえ、「ひとりっこはかわいそう」に、「かわいそうの根拠はなに？　うちの子、ちっとも、かわいそうに見えないんだけど？」と反論したくなって困った。まぁ、何百回も言われるうちに「本当にそうよねぇ」と受け流せるようになったけれど。

親たちを甘やかそう

さて、話を戻そう。

祖父母の役割である。

幼子に人生コスト（時間、手間、意識、金）をかけすぎると、脳がヤバいと感じてイラつく親たちだけに、孫を任せておくわけにはいかない。というわけで、祖父母は基本、甘やかし役になるべきだと私は思う。その際、孫を甘やかすよりもっと甘やかすべき人がいる。孫の親たちである。

子どもに手がかかると、人生を根こそぎ奪われるような気がして焦燥感に駆られてイライラする。それが生殖本能の創り出す感覚なら、止めることはできない。だとしたら、時々、人生を取り戻させてあげればいいのでは？

彼女自身、彼自身の時間を確保してあげること。これも、ひいては孫のために、私たち祖父母ができることじゃないだろうか。

我が家では、孫の親たちの「自分時間」は、かなりしっかり確保されている。孫の父親（息子）は、日光足尾に森を所有していて、高校時代からの親友と山小屋を建て、畑を作り、秋から冬にかけては週末猟師になって山を駆け巡っている。母親（およめちゃん）のほうは、フォロワー1万人超えのSNSの人気者なので、週末はイベントや取材で忙しい。2歳3か月の孫は、お気に入りのベビーシッターさんの家に預けられて、公園で泥んこになって、キラキラ輝く瞳で帰ってくる。シッターさん宅への送り迎えは祖父（私の夫）で、お弁当とおやつの蒸しパンを作って持たせるのは祖母（私）だ。孫のいない日中は、私も仕事か執筆にいそしんでいる（この原稿も、そんな日曜日の昼下がりに書いている）。この2年間、ほぼすべての休日を、我が家はこんなふうに過ごしてきた。

息子とおよめちゃんを甘やかしすぎ？　いやいや、私はそうは思わない。孫の親たちにも、自分自身の脳を信じる自己肯定感が必要だから。彼らもまたAI時代を生き抜く世代なのだもの。孫の親たちに「自分時間」を作ってあげること。それが、孫のトリセツの大事な一つである。

第2章

祖父母の心得

周産期（妊娠後期から授乳期）の女性は、あまりにも疲れている。妊娠後期、体重の20％にも及ぶ羊水と胎児を抱えているうえに、妊婦の血液流量は、妊娠前の1・4倍にも増量している。骨も心臓も疲れ切っている。その身体で出産という大イベントに挑むわけだ。陣痛の痛み苦しみは言うに及ばず、胎盤がはがれた傷は、交通事故にも匹敵する傷だという。その身体で、その日から、1日400～600ccもの血液をお乳に替えて、子どもに与えていくのである。

人類の女性たちが連綿と続けてきた出産というイベントは、生理学的に見れば、かなりきわどい命がけの作業なのである。特に男性の皆さま、出産を病気じゃないと思ってなめてない？　この前の段落をもう一度読んで、若き日の妻にあらためて感謝してもらいたいくらいだ。

天使が悪魔に変わる？

そんなママたちが、ひたすら優しい気持ちでいられるわけがない。ひたすら疲れて、ちょっとしたことでイラつき、ときには大きくメンタルダウンするもの。これが周産期の母体なのである。

新米ママの夫に、このことを教えておいてあげるといい。特に初めてのお産では、愛らしかった新婚妻が豹変したように見えるので、たいていの新米パパは、どうしていいかわからなくなってしまう。周産期の妻の感情の乱高下にまともに腹を立てたり反論していると、「夫婦関係」が疲弊してしまう。妻にどうしてあげたらいいかは、拙書『妻のトリセツ』（講談社）あるいは『夫婦のトリセツ決定版』（講談社）を、ぜひ参考に。

なによりもまず、彼女を支える夫と祖父母が、お産がどれだけ大変なイベントなのかを理解して、彼女を何があっても支える覚悟を決めることである。

ふたり時間にうまく介入する

授乳期は、母子ふたりの時間を楽しむときでもあるので、彼女が機嫌良くしているときは、孫に手を出さずに放っておいてあげるのも、実は大事なポイント。里帰り出産で、久しぶりに娘（およめちゃん）がいるのが嬉しくて、ましてや生まれたての孫が一緒なら、つい、ことあるごとに部屋をのぞいて、「すいか食べる？」「今夜、何食べたい？」と声をかけたくなっちゃうけど、そこはがまんしたほうがいい。

とはいえ、赤ちゃんの泣き声が長めに続いたら、あやしに行ってあげてね。特に、疲れ切った身体に夜泣きは地獄。私は、夜泣きにほとほと疲れ果てていたとき、母が「夜は任せて」と言って息子を連れ去ってくれたときのほっとした気持ちを今でもありありと思い出す。人類の子育てには、こういう温かい手が不可欠なのだと思う。

帝王切開、何が悪い？

自然分娩で、母乳育児。これがお産の勝ち組なんだってこと、私はおよめちゃんのお産で初めて知った。およめちゃんが、とてもそれらを望んでいたから。

私は帝王切開で生まれたし、私の命を、おなかを切って守り抜いてくれた母を心から尊敬し感謝している。おかげで64年間お産以外で入院したことのない健康な身体をもらったし、自分が帝王切開だったことで、人に引け目を感じるような思いをしたことは人生で一秒もない。なぜ、帝王切開の産婦さんが、自然分娩でないことを引け目に思うのか、帝王切開児の立場からは、まったく理解できない。

声を大にして言うね。帝王切開、まったく問題なし！

もちろん、身体への負担は大きいし、いっそう大事にしてもらいたいけど、自然分娩に対して引け目に感じる問題点は一切ない。

たしかにとやかく言う人はいる。「帝王切開児は産道を通っていないので、忍耐が足りないのよね」と言われたことがある。「あら、そう？　私は帝王切開児だから、たしかに忍耐力は足りないのかもしれない（微笑）。一浪して志望校に入ったし、人類初の日本語対話型ＡＩも実現したけど、すべて好奇心に導かれてやっただけだもの。忍耐力が足りなくて、30代半ばで会社も辞めたけど、けど、そのおかげで自分の会社を持ったから、今も現役でいられる。それらが全部、帝王切開児だったせいなのだとしたら、私は人生を帝王切開にもらったことになる。私は、もう一度生まれ変わってくるなら、同じ母から、帝王切開で生まれたい！」――まぁいつもはそこまで戦闘的な気持ちにはならないけど、母に面と向かって帝王切開児を揶揄《やゆ》する人がいたら、私は、これくらいは言うよ。

だから、帝王切開で負けた気分になっている若い母たちには、このことばを伝えたい。孫が帝王切開児なら、ぜひ、その母に言ってあげてほしい。

40年ほど前になるが、「帝王切開児症候群」ということばに出逢ったことがある。アメリカの産婦人科医の著書だったと記憶している。いわく、帝王切開の70％が、理由がはっきりわからない。母胎にさして問題がないのに、陣痛があっても、子宮口に頭を吸い込まれないように頑張る胎児がいる。そして、そうして生まれた帝王切開児の多くが、シャツを頭からかぶせられるのを嫌い、大人になってもハイネックのセーターが苦手だったりする。その様子を見るたびに、子ども自身が、産道を通ることを拒否したとしか考えられない、と。

実は私は、布団を頭からかぶると、呼吸ができないほどのパニックになる。ハイネックどころか、胸の詰まった服は一切着られない。お産の時には、私がまったく降りてこないので、鉗子《かんし》もまっすぐかけられず、当時のお産の技術では、おなかの子をあきらめて引きずり出すか、帝王切開しかないと言われたという。どう考えたって、私が「あんな狭い所、絶対無理」と思ったに違いない。となると、帝王切開は私のせい、母のせいじゃない。

これはものの見方の一つだけど、当事者の私としてはかなり納得がいくし、「絶対無理」と思った既視感さえある。

そうそう、「帝王切開児は産道を通らないので、母親の腸内細菌をもらえず、腸内環境が悪い」と言われたこともある。

言っとくけど、腸内細菌は、手にだってついている。スキンシップしていたら、同じ細菌をもらえるはず。私は、母譲りで、腸内環境で悩んだことがない。便通に悩んだことはないし、腸内で大豆イソフラボンを女性ホルモンの代わりに機能するエクオールという物質に変える能力も高いことがわかっている。これも母譲り。

帝王切開を攻撃するあらゆる言いぶりに、帝王切開児のママたちは、どうか動じないで。帝王切開は、負け組じゃない。

母乳神話もいい加減にしたらいい

母乳の出る、出ないもまた、新米ママたちを悩ませる。

たしかに、母乳には奇跡のように赤ちゃんに必要な成分が入っている。出るなら、あげるに越したことはない。桶谷式乳房管理法のような助産院などで提供されるプロの手法もあって、もちろん試してみる価値は十分にある。

しかしながら、母乳が出ないし、出るように努力する気力もない、そもそも乳首を赤ちゃんに含ませることが精神的に苦痛というママたちもいる。赤ちゃんに乳首を含ませて、全身全霊で吸おうとする姿をかわいいと思えるか思えないかは、体調にもよるのである。母乳は血液から作り出すものなので、たとえば貧血ぎみのママは、血液を消費することに脳が抵抗するのかもしれない。赤ちゃんがお乳を吸うと分泌される、親愛の情をあふれさせるホルモン・オキシトシンも、その分泌量に個人差がある。誰もが、授乳を「ただただ嬉しい、愛しい」と感じているわけじゃないのである。

新米ママに母乳が出なかったとき、私はこんなふうにアドバイスしている。「乳腺が開くまでの時間には、個人差がある。私は、生まれて１か月ほどはうまく出なくて、ミルクを主食に、母乳は『乳首をくわえさせる遊び』のつもりでリラックスしていたら、１か月目にあふれるほど出るようになったから、そうしてみれば？」

そして、たとえ母乳で育てられなかったとしても、そう落ち込むこともない。今のミルクは本当によくできていて、まるで「ベイビー向け完全栄養プロテイン」。なんなら、偏食の母たちの母乳より良いのでは？　と思えるくらいの成分である。

ミルク授乳だって、母子連携を生み出している

もちろん、母乳には成分だけでは言い尽くせないいいところがあるのだろう。母子が親密に過ごす時間の効用とか。

まぁでも、ミルクをあげるときも、赤ちゃんと顔を合わせて、表情を交換し合える。実は、授乳時に顔を見合わせることは、脳にとって、とても大事なのである。赤ちゃんの脳の中では、ミラーニューロンという細胞が生涯で一番、活性化している。ミラーニューロンは、鏡の脳細胞という意味。その名の通り、目の前の人の表情筋を、まるで鏡に映すように、まるっと神経系に取り込んでいく役割をしている。このミラーニューロンを使って、赤ちゃんは表情を学んだり、発話をしていくのである。

新生児の共鳴実験というのがある。生まれて3時間の赤ちゃんでも、その目の前で、舌を出したり入れたりすると真似するのである。ということは、とりもなおさず、生まれて3時間の赤ちゃんでも、目の前のピンクの物体が、自分の身体のどこに当たり、どうすれば同じことができるか知っているということ。この奇跡を作り出すのがミラ

ーニューロンってわけ。

ちなみに、ご自身の孫でこの実験をするときは、以下のように――孫が目を開けているときに、彼（彼女）の目から15センチくらいの場所に口元を持っていって、最初は、舌を出したままゆっくり揺らす。やがて、出したり入れたりを繰り返す。我が家の息子も、この実験に応えてくれた。ただし、「気が向かない赤ちゃん」もけっこういる。この実験が成功しないからといって、心配しないでね。

授乳時には、口角筋を3次元に動かしているので、このとき笑いかけたり、ことばをかけたりするのは、それ以外の時より神経系が連携しやすいのである。授乳時の笑いかけや語りかけは、コミュニケーションやことばの能力の発現に大きく寄与すると言っていい。

その観点からすると、哺乳瓶の授乳は気が抜けないから、案外、顔を見合わせている時間が母乳育児より長いのである。我が家の2歳児は、今も夜中に哺乳瓶でフォローアップ・ミルクを飲む。彼は自分でしっかり持つのだけど、それでも寝落ちしたとき顔に倒れてくるので、添い寝している私は手を添えている。だから、どうしたって、顔を見ることになる。

息子は4歳まで夜中に母乳を吸っていたけど、2歳過ぎたら、私も寝たまま、彼も寝たまま吸っていた気がする。経験上、孫の哺乳瓶授乳は、息子の母乳授乳よりずっとフェイスtoフェイスのコミュニケーションは多いと実感している。それと、哺乳瓶なら、母親以外の人の表情にも出逢えるので、脳的には認知のバリエーションが増えて、悪いことじゃないと思う。

ね？　母乳じゃなかったとしても、けっして悪いことばかりじゃない。ミルクに頼ったからといって、落ち込む必要はまったくない。

スマホ授乳だけは阻止してあげて

実は、母乳育児のママに警告したいことがある。

スマホを見ながらの授乳、やめましょう。理由は3つある。

1つ目は、先に述べたように授乳中の「顔を見合わせる行為」は、脳の発達に寄与するから。

2つ目は、母親が赤ちゃんから顔を背けると、赤ちゃんがくわえる乳首がひどく斜めになってしまうのである。このため乳腺が開きにくく、母乳が出にくいという悩みを抱えがち。乳腺炎になる確率も上がる。

3つ目は、この〝斜め乳首〟は、あごや歯の発達に支障があることを小児歯科が警告している。考えてみればいい、やわらかくて成長著しいあごと乳歯に、斜めに弾力のあるものが当てられるのである。ゆがんだフレームで歯科矯正しているようなもの。もちろん、スマホを持っていなくても乳首は多少斜めに入るものだけど、授乳中の乳首はやわらかくて、多少の斜めは赤ちゃんのあごに収まったときに補正される。ただ、スマホに夢中になると、補正の域を超えるのである。

母乳の場合、赤ちゃんが吸い付いてさえくれれば、ママは、わずかな自由時間をもらったようなもの。授乳歴のある私にも、ついスマホに手が伸びる気持ちは、本当によくわかる。

でもね、赤ちゃんの脳とあごと歯並びのため、どうか、その衝動に負けないで。まぁ、たまにやってしまうのは仕方ないとして、「常時スマホ漬け」だけは回避しよう。

母たちは、命がけで世間体を気にしている

若い母親は、人からとやかく言われることに過敏な傾向にある。人の目をとても気にするし、否定的なアドバイスにはキレるし、落ち込む。世の中、よく、騒ぐ子どもを放っておく無神経な母親を叩くけど、過敏な母親のほうが圧倒的に多いのである。

――これ、生存本能の一部だって、知ってました？

何度も言うけど、人類の子育ては動物界最大リスクの子育てなので、森の熊や狼のように、単独の子育てはあり得ない。人類の授乳期間は、自然界の中では4年にも及ぶことがあるとされる。人工栄養のない時代、そんな長期にわたる授乳期間中に、母親がちょっと体調を崩しておっぱいが出にくかったら、もう子どもの命が危険にさら

されるのではたまらない。コミュニティの中でおっぱいを融通し合い、互いに支え合って、人類の女性たちは何万年も子育てをしてきたのである。

そんな子育ての仕組みの中では、女同士のコミュニティの中でうまくやることこそが、生き残るためのキモなのである。このため、子育て中の女性たちには、群れから外れることが、命に関わることとして、本能的にとても恐ろしく感じるわけ。

女同士の群れの中で優位に立つためには、自分が美しいこと、子どもがうまく育っていることが意外に大事。だから、女性たちは美しくあろうとし、子どもに世間並みの躾をしようと頑張るのである。

母親より先に不安を口にしてはいけない

そんな若い母親に、「あそこの子はもう歩くのに、うちはつかまり立ちもまだなんて、大丈夫?」なんて言うなんて、想像を絶するくらい残酷なことだって、知っておいたほうがいい。祖父母は、母親をリラックスさせるためにいる。彼女の心配に「大丈夫、大丈夫」と言ってやる立場なのに、心配の種を作ってどうするの？

もちろん、「絶対におかしい。なんとかしなければ」という事態ならアドバイスをすべきだけど、「ちょっと不安」程度なら口にしないこと。誰よりも、孫の母親自身が心配している。母親が心配を口にしたときは、親身になって聞いてあげよう。杞憂《きゆう》にすぎないと感じたら、経験談で安心させてやればいい。

私の子育て時代（息子は1991年生まれ）、「1歳で乳離れ」が、なぜか鉄則だった。1歳児検診のとき、まだ卒乳を始めてもいないと言ったら、小児科医と栄養士に、ひどく叱られることになった。「歯並びに問題が出るし、だらだら授乳していると犯罪者になるよ」とまで言われたのである。

私は、事前に母乳学の本を読んで、卒乳を「私が嫌になるか、息子が嫌になるか、そのどちらかのとき」と決めていたので、結局4歳まで続けた。4歳のある日、息子が「ママ、たいへん」と言うので、「どうしたの？」と聞いたら、「ママのおっぱいだと思って飲んでたの、おいらの唾だったよ」と大笑い。私もつられて笑って、それが卒乳式になった。幸せな、幸せな卒乳だった。ちなみに息子の歯並びは完璧、大人になるまで、虫歯で歯を削ったこともない。今のところ、犯罪者になる気配もない。

そんな私も、「犯罪者になる」という言いぶりは、かなりショックだったので、黒川の母に言いつけたら、母は、一笑に付してくれたのである。「昔は、末っ子は、いつまでも吸ってたものよ。末の弟なんて、学校から帰ってランドセルしょったまま吸ってたわ。面白いことに、そんな子ほど、出世するのよね」と。私は、そのときの母の表情と声音を今でも忘れない。黒川の母と一緒に息子を育てられたこと、今、自分が祖母の立場で、あらためてありがたく、胸が熱くなる。どれだけたくさんの「大丈夫」をもらったかわからないから。

「卒乳はいつ？」問題

卒乳は、母と子の組み合わせほどの正解があると思う。もちろん、母親がもう嫌だと思って、子どもを泣かせながら卒乳させる場合があってもいい。私と息子のように、長い蜜月を楽しむ母子がいてもいい。

私は、男女雇用機会均等法のない時代に就職した。育児休暇を取るのも、私が部署で初めてという事態だったので、産休8週に加えて、2か月の育児休暇を取っただけだった。それでも8週で出てきた先輩たちよりずっと「楽させてもらった」と感じたものだ。この時代、多くの働くママたちは断乳して職場復帰してきた。愛しい我が子を泣かせ、張って苦しい乳房を管理しながら、最前線に戻ったのである。その子どもたちは、本当に立派に育っている。

卒乳が早いのか遅いのか、子どもを泣かせたのかうまくやったのか。そんなの、どうだっていい。母と子の個性の組み合わせによって、卒乳のやり方は決まる。母と子の卒乳に、祖父母たりとも（夫でさえ）、口を挟むことは許されないのである。

私たちにできることは、彼女の選択を、祝福して応援することしかない。

親が優等生すぎると、子どもが発想力を失う

　人にとやかく言われたくない、変に目立ちたくない。世間に後ろ指をさされないよう、他人様に迷惑をかけないよう、正しく振る舞わなきゃ――そんなふうに、親が緊張していると、子どもの脳も世間に対して緊張するようになる。なにせ、幼子のミラーニューロンは高性能で、親の表情を鏡映しに自分の顔に移し取る。そして、表情が変わればその表情に合わせて脳神経信号が起こる。つまり、親が悲しい顔をすれば悲しくなり、緊張すれば緊張するわけだ。親が世間に対峙して緊張していると、子どもの脳は、無邪気な発想力を失うことにもなりかねない。

　何か好奇心に駆られたことがあっても「叱られるかも」と思ってあきらめる、何かことばが浮かんでも「反論されて嫌な思いをするかも」「笑われて恥ずかしい思いをするかも」と思ってあきらめる、そんなふうにあきらめていくうちに、脳は好奇心の信号や発想の信号を抑制するからだ。

いい子ちゃん症候群——私がそう呼んでいる脳の現象がある。「いい子（いい人）であろうとしすぎて、他人の評価軸で自分を見るあまり、いつも〝憧れの存在〟からの減点法で自分を反省し、律している。あげく、自分自身がやりたいこと、あるいは好きなことがわからなくなって、人生を虚しく感じる」のが、それ。

「子どもをきちんと育てなければ」という気持ちの強い親に育てられ、その期待にちゃんと応えながら大人になってしまった優等生たちに起こりがちな現象である。美人だったり、一流校か一流企業に入ってしまったら、その時点から親の自慢の種になり、この仕組みからなかなか抜け出せない。

いい子ちゃん症候群の親は、子どもにも同じことをしがち。その連鎖を断たないと、孫もまた同じ悩みを抱えることになる。

20世紀の子育ては「世間様に恥ずかしくないように子どもを躾ける」ものだった。特に1960年代以降の子育ては、エリート志向が強かったので、私たちの世代にも、子どもたちの世代にも「いい子ちゃん症候群」に悩む人は多い。

この星は、自分のためにある

躾は、世間と子どもを対峙させ、子どもの脳を緊張させる行為だ。世間は厳しい、ちゃんとしないと大変なことになる、と。

よく躾けられた子はお行儀が良く成績もいい。大人になればエレガントで、周囲に信頼もされるし出世もする。たしかに、躾けられることには大事な一面もある。

それに、兄弟姉妹が多かったり、両親共に仕事があって核家族だったりしたら、子どもたちをある程度躾けておかないと、日々の暮らしを回してはいけない。聞き分けのいい長子がいて、やっと回っているおうちだってあるはず。

公共の場では、身を守るために守らなきゃいけないルールもある。道路に飛び出していいわけじゃなし、砂場で、他人のおもちゃをいきなりつかんだり、ほかの子に砂をかけたりするのは、もちろん止めなきゃならない。

だから、躾が全面的に悪いことだなんて、私は思わない。ただ、躾のマイナス面も知っておいたほうがいい。

世間体を気にしすぎる親に育てられると、子どもの脳は「この世の主体は世間であって、自分はその一部分にしかすぎない」と感じる。このため「いい子でないと存在価値がない」と思い込む。

でもね、本当は、脳の主人公は自分。この星は、誰にとっても、「自分のためにある」ものなのである。本来、そう感じるように、脳は作られている。

子どもたちだけじゃない。すべての人に、無邪気な時間を過ごしてほしいと私は思う(生活時間のすべてでなくていいから)。心に浮かんだことをそのまま肯定できる、そんな時間を。心に浮かんだことをそのまま言動に移しても、きっと周囲が受け止めてくれると信じられる、そんな時間を。そういう時間を確保されている人にとっては、人生は自分のものになる。この星も、自分のものになる。

私たちの世代は、躾けることで子どもを育てた。「はじめに」にも書いたけれど、それが20世紀に必要とされた子育てだったからだ。その過去を悔いる必要はないけど、自分の子育ての方針を、孫にそのまま使うつもりでいると、孫にとっても、その親たちにとっても酷《こく》なのである。

昭和生まれと、昭和生まれに育てられた人たちの心の中にある、「世間様に迷惑をかけないように、自分と子どもを律するのは美しいこと。せめてそういう姿勢を見せないと恥ずかしい」という気持ちを、この際、捨ててください。

少し図々しくなってあげよう

祖母たちは、母たちより、少しだけ図々しくなれる。これを利用して、世間体を気にする親たちの緊張を少しほどいてあげたらどうかしら。

我が家の2歳児は、斜め前のおうちの玄関先に置いてある乗用おもちゃ（ミニーちゃんの飛行機）がいたくお気に入りで、散歩のたびに触りたくて、触りたくてしょうがない。彼の母（およめちゃん）は、当然、「他人のおもちゃを無断で触るなんて言語道断」と厳しく遠ざけていた。

私としては、その家の家族と交流もあるし、「外に出してあるおもちゃをほかの子が多少触っても、きっと気にしないだろうなぁ。うちだってぜんぜん気にしないもん」と思っていたので、ちょっと乗るくらいは許していたが、さすがに道路に乗り出していくことは止めていたのだった。ところがある日、その家の向かいのおうち（我が家の隣家）のマダムが、「大丈夫よ〜、乗ってっちゃいなさい。私が言っといてあげるから」と満面の笑顔で声をかけてくれたのである。

ちょうどそのとき、持ち主のママが、郵便を取りに出てきた。ガチャっと玄関が開く音がしたら、孫は跳びあがるように乗用おもちゃを降りて、すたこらさっさと逃げていく。彼の母親の緊張感が、ここまで孫に伝搬しているとは……これじゃ、世間は厳しいものと思い込んじゃうよなぁと感じたその瞬間、隣家のマダムが「貸してあげてもいいわよねぇ」とすかさず華やかな声をかけてくれた。持ち主のママも即座に笑顔になって「もちろんです〜、いつでも、どうぞ」と言ってくださった。隣家のマダムは、高校生の孫がいて、私より先輩おばあちゃん。さすが、いちだん肝が太い（微笑）。

で、その話をおよめちゃんにするのだけど、およめちゃんは「そうは言っても」とドン引き。そこで私が「ちょっとした駄菓子をお礼にポストに入れたらどう？」と提案。それで、やっと彼女が笑顔になった。以来、孫がミニーちゃんの飛行機を借りたときには、孫も大好きなお菓子に「ミニーちゃんお借りしました、ありがとうございます」と書いた付箋紙を貼って、ポストに入れさせていただいている。孫は２回ほど借りたら気が済んだらしく、最近は、ミニーちゃんに手を振って楽しそうに通り過ぎる。

躾も大事だけど、必要以上に世間を怖がらせることもない。もしも、母親が神経質になっているようなら、ときには祖母がちょっと図々しくなって、孫に「世間とは優しいものである」ことを知らせてあげよう。

お気に障ったら、すみません

小さな子を連れているとき、周りから白い目で見られるときがある。ときには、きつい一言を言われることも。そんなときの対処法を知っていると、子育ても少し楽になる。

あるとき、バリバリのワーキング・ママから、こんな質問を受けた。

「先日、2歳の息子の具合が悪かったので、小児科に行って、帰りに調剤薬局に寄ったんです。子どもの薬は調剤に時間がかかるので、通常はいったん家に帰って取りに戻るのですが、その日は、午後から会議があって急いでいたので、椅子に座って待つことに……そうしたら、よほどだるかったのか息子が急に抱きついてきました。そのとき、向かいのソファに座っていた年配の女性が、『靴、履いたまま！』と吐き捨てるように言ったんです。

たしかに私たちが悪いので、『すみません』と謝ったのですが、靴がソファに当たっていたわけでもないし、隣席に人がいたわけでもない。実害というより、躾という意味でおっしゃったんでしょうけれど、この状況で、そこまで言われる？と感じて、気持ちがふさいでしまって。今も、思い出すとどうにも気持ちがもやもやして、子育てがつらく感じてしまいます。このもやもや、どう処理すればいいですか？」

私はこう答えた。「なぜ、もやもやしているかというと、あなたが守ってあげたかったのは、息子さんの気持ちだからよ。病気の息子に、肩身の狭い思いをさせたのが悲しかったのよね。こういうとき、彼に肩身の狭い思いをさせない魔法のことばがある。『お気に障ったら、すみません』――これ、けっこう便利よ。目は申し訳なさそうに、口元はやや微笑みながら『お気に障ったら、すみません』と謝ると、なぜか向こうも険のある顔が緩んで、子育て経験のあるマダムなら『いいのよ、まだ小さいものね』なんて言ってくれる。子どもの行動に謝るんじゃなくて、相手の気持ちに謝るだけだから、こっちももやもやしないで済むしね」

孫の無邪気力を守ろう

　私は、自分自身の育児中、息子に世間を信じてほしいと思っていた。彼が無邪気に生きられるように。理由は、彼がＡＩ時代を生き抜く第一世代になることを30年前から知っていたから。

　幼子にとって、この地球の出来事はなんだって新鮮だ。大人がうんざりするほど見慣れている山手線一つにだって、２歳の息子は嬉しそうな顔で歓声を上げた。騒ぎすぎるようなら、私も遠慮して電車を降りたけど、昼間のすいた車両で、「うわぁ、長いお椅子～」と第一声を上げるくらい、大目に見てもいいじゃない？　たしかに電車内の静寂は破られるけど、ここまで静かなのは東京の電車だけだよ。

　でも、にこりともせず「しっ、静かに」というマダムがいたのである。30年前には、戦前派がおばあちゃん世代だったからね。けっこう、こういう目に遭った。

　こういうとき、「うるさくして、すみません」と謝ると、息子に肩身の狭い思いをさせる。そこで、私が編み出したのが「お気に障ったら、すみません」だったのである。息子の言動には謝らず、相手の気持ちにだけ謝る。彼の脳の、無邪気な出力を祝福してやりたかったから。

けれど、彼の興奮が冷めやらず、本当にうるさいときは、「電車で騒ぐ男はカッコ悪い。ママはカッコ悪い男は嫌いなの」と言って、ぴしゃりとやめさせた。世間に遠慮してイラついた母親に叱られたからではなく、「過剰なのはカッコ悪い」からやめる。やめさせられることは一緒でも、母親にとっても子どもにとっても、納得度がまるで違う。

無邪気は○だけど、無神経は×

そんなことを私がパーソナリティを務めるラジオ番組で語ったら、「そうは言っても、混んだ電車に、子どもに靴を履かせたまま抱いて入ってくる親とか、電車の椅子に土足のまま立たせる親とかいるんだよな」という投稿が飛び込んできた。

私は、子どもの無邪気は守ってあげたいけど、親の無神経は許しているわけじゃない。たしかに、こうやって迷惑をかけると、「お気に障ったら、すみません」じゃ済まない。「気だけじゃなくて、私の、お高い白いコートに泥靴が触ってるんですけど?」ってことだもんね。

「お気に障ったら、すみません」が効くのは、実害がないときだけ。というわけで、私は、孫を連れて、ベビーカーなしで公共交通機関を使うときは、シューズカバーを持っていくつもり(我が家では、靴を履いた孫を連れて、ベビーカーなしで公共交通機関を使ったことがないので、まだ未遂だけど)。

シューズカバーは、息子の子育てのときに重宝した。バッグに入れておいて、抱っこするときに、彼の靴にかぶせるだけ。脱がすよりずっと簡単で、靴を持たないでいいので始末がいい。

それをラジオで言ったら、シューズカバーを知らない人が多くてびっくりしたので、ここで言っておこうと思う。シューズカバーは公共交通機関を使うときの必需品である。いつもは車移動という方も、新幹線や飛行機に乗るとき、旅先でバスに乗るにも、とても重宝なので、ぜひ旅のお供に。ネットで「ベビーシューズカバー」と入れると千円程度でいくらでもあるけど、楕円の布のふちを縫ってゴムを通せばいいだけなので、裁縫のできるおばあちゃんなら、端切れで作れるのでは？　なんなら、使い捨てのシャワーキャップと輪ゴムでも代用できる。

シューズカバーは、他人様の洋服や公共の椅子を守るためのマナーだけど、孫の無邪気力を守るためのマナーでもある。

孫の無邪気力を守るために、親たちの無神経には予防策を講じる。21世紀祖父母の心得の一つである。

誰が幸せになる家か、潔く決めよう

最後に、幸運にも、息子夫婦・娘夫婦と同居、あるいはそれに準じた暮らしをしている方へ。

家は、誰が幸せになる家か決めないといけない。ことの是非で回すものじゃない。

昔は、表向き家長を中心に、裏では主婦が実権を握っていた。その絶妙のバランスを生み出すために、夫には夫の、妻には妻の、嫁には嫁の役割と口のきき方があり、世間体を気にしながら、皆がその役を演じることで「家」が成立してきたのである。

　この多様化の時代に、そんなことを言っていたら、幸せな家族になんかなれないし、孫の無邪気力も育んでやれない。


　私は、およめちゃんを迎えた晩、およめちゃんにこう宣言した。「この家は、今日から、あなたが幸せになる家よ。あなたの幸せのために、すべてを回す」

　母さんが幸せになる家――これは、私が育った家のメインテーマだった。私が小学5年生のときだった。私と母が大げんかした晩、私が父に、母の発言のつじつまが合っていないこと、どう考えても私が正しいことを言い募ったとき、父は、こう言ったのである。「お前が正しいか、母さんが正しいか、俺は知らん。ただ、お前に言っておきたいことがある。この家は、母さんが幸せになる家だ」

　たとえ、お前が正しくても、母さんを泣かせた時点でお前の負け――私は、不思議と悔しくなんかなかった。むしろ清々しい思いで、このことばを聞き、父をカッコいいと思った。「親に向かって、そんな口をきくな」なんて説教されるより百倍マシ。私も早く、自分が幸せになる家を持とう、そう思っただけだ。

父は、多少の正義は曲げても、母を甘やかした。一家の太陽である主婦で母親である人の機嫌が、家族の脳がうまく回るかどうかを決していることを、父はよく知っていたのだと思う。高校の教師だった父は、生徒の母親から「成績が伸び悩んでいる。どうしたらいいか」と相談されると、「お母さんが笑ってください。今日の帰り、焼き芋買って帰って、子どもの前でおならをして、大笑いしてください」などと言っていた。その母親から、「私が笑って暮らすようになったら、子どもの成績が上がりました」という報告があったと、晩酌しながら話してくれたっけ。

テレビのアニメ『巨人の星』を観ながら、「この家庭はいかん。笑いがない。根性モノはいいけど、ユーモアがない話は見てられん」と言っていた。かわりに、『ルパン三世』はこよなく愛していた。人生にはユーモアを、多少の正義は曲げても家族を甘やかせ。父の教えは、私の信条でもある。

当然、割を食うこともある。気づいたら、自分ばっかり、こまねずみのように動いていることも。まぁでも、家族は馬鹿じゃない。別のときに埋め合わせをしようと頑張ってくれる。

一緒に暮らしていたら、ベテラン主婦に、日常のあれやこれやの荷重がかかるのは避けられない。だって、脳の気づきの数が違うんだもの。だったらいっそもう「あんたら、うちが甘やかしたる!」(なぜか関西弁)と決心しちゃったほうが、気持ちいいよ。「いいよ、いいよ、大丈夫」って。

「こうしてくれたらいいのに」と思いながら支えていると、不満が膨らむばかりだし、不満顔で何かすると、やってあげているのにもかかわらず、家族も不満たらたらになる。なんとこれも、前述のミラーニューロンのせい。

笑顔の力

不満顔をすると、相手のミラーニューロンがそれを受け止めて、向こうも気づかないうちに不満顔になる。実は、この表情、脳への入力になるのである。表情は通常、出力。嬉しいから、嬉しい表情になるわけ。でもね、ミラーニューロンで表情を移し取ると、脳には、その表情をするときの脳神経信号が誘発されるのである。つまり、表情は出力だけど、入力にもなるってこと。

笑顔につられて笑顔になると、脳には嬉しいときの神経信号が誘発される。不満顔につられて口角が下がると、脳には、不快なときの信号が誘発されるのである。

不安や不満の表情をした人の言うことを、人は受け入れられない。だって不安になり、不満になるからだ。たとえ、相手に不満を表明するときでも、前向きの明るい表情をするといい。相手が前向きの気持ちになって、受け止めてくれるから。

家族の脳を、前向きの嬉しげな表情で、ポジティブにしてあげようよ。結果、自分にとっても居心地のいい家になるから。そしてそれは、孫の脳がすくすく育つ家でもある。

まず笑顔より始めよ――人生を切り拓く、最高のコツだと、私は思っている。そして、その拓かれる人生は、孫の人生なんだよ。

第3章

現代育児用語集

この章では、私が、孫育てで初めて知った、育児の新常識や知恵をおすそ分けしようと思う。

最近のママたちの情報収集力は圧倒的で、最新の子育て情報は、孫の親たちに任せればいい。基本、私たちは、親の方針に従うだけなのだが、ここでは、その情報に寄り添うための基礎知識をお話しする。

はちみつ問題

1歳以下の子に、はちみつを食べさせてはいけない。

知っていましたか?

1987年に厚生省（当時）が通知を出して以来、はちみつの瓶にはこの記載がなされるようになったのだが、1991年生まれの息子を育てた私の実感では、育児書や、産院や行政から渡される育児の手引に、これが書いてあった記憶はないので、祖父母世代には、初耳という方も多いかもしれない。

　私自身は、食品の注意書きは必ず読むほうなので、この情報自体は知っていたが、死亡例もあること、さらには加熱された少量のはちみつにも適用されることを知ったのは、孫が生まれてからである。


　このこと、今、新米の祖父母になる方は、絶対に知っておかなければならない。なぜなら、その危険性よりも、現代のママたちが、はちみつを「殺人級の毒物」として、とても恐れているからだ。祖父母がうっかり食べさせてしまったら、関係が破綻してしまうくらいの勢いだと思う。

　SNSでは「姑が、6か月の娘にはちみつを食べさせて、娘が死にました」という書き込みが、まことしやかに流布している。この手の書き込みを、私は過去に3回ほど見ているのだが、そのソースとなるニュース記事は見つけられなかった。こういうことがあったというより、こういうことをママたちが恐れているということなのかも。

　母たちがここまで恐れている以上、祖父母たるもの、孫を迎える前には、はちみつを封印して戸棚の奥にしまうくらいの覚悟はいる。赤ちゃんに直接食べさせなくても、誰かがはちみつトーストを食べた手で赤ちゃんの世話をすることですら、ママたちは戦慄する。

我が家は、1年間はちみつを封印して暮らしたのだが、生後10か月のとき、スポンジケーキを一口食べさせてしまって、若夫婦に緊張が走った。「これ、はちみつ入ってるんじゃやないの?」

私は、メーカーのホームページを開いて製品の成分表を探しながら、安心させようと思って「ふつうスポンジケーキにはちみつは入れないし、たとえ入っていても、高い温度で焼くんだもの、ケーキは大丈夫よ」と言った私に「ボツリヌス菌の熱耐性はけっこう高いんだよ」と息子が指摘。およめちゃんは心配のあまり口もきけない。結局、成分表にはちみつが入っていないことを確認して、家族全員で胸をなでおろしたのだった。

1歳まではちみつを食べさせないのは、乳児ボツリヌス症を予防するためだ。

ボツリヌス菌は、自然界に広く生息している細菌で、けっして珍しいものではない。はちみつは、ミツバチが自然界を飛び回って採集しているので（そして、そのこと自体がこの食品の健康の秘訣であり、ありがたさなのだが）、どうしてもボツリヌス菌の混在を防げないのである。

ただし、自然界に転がっているのは、「芽胞」という種のようなかたちをしたもの。このままでは毒素を産生することはなく、たとえ芽胞を口にしても、腸内細菌によって繁殖を妨げることができるので問題はない。しかしながら、栄養価が高く温暖な環境に長時間置かれると、芽胞がはじけてボツリヌス菌の増殖態勢に入り、増殖中の菌が毒素を排出するのである。ボツリヌス食中毒の原因となるのは、この毒素。神経に作用し、四肢麻痺などを引き起こし、死亡に至るケースもある。

芽胞自体は通常怖いものではないが、1歳未満の乳児の腸では腸内細菌がまだ整っていないため、ボツリヌス菌の繁殖を防げないことがあるのだという。つまり腸内が菌の繁殖に適した「栄養価の高い温暖な環境」になってしまうってこと。増殖に伴う毒素排出なので、萌芽を口にしてから発症までに、2週間から1か月ほどかかることもある。

1987年までは、世の中の人たちがはちみつとの相関を知らずに子育てしていたわけだから、それほど頻発する病気ではないけれど、もちろん口に入れないよう気をつけるに越したことはない。

芽胞は熱耐性も高くて、120℃で4分以上加熱する必要がある。このため、お湯で煮る程度では防げない。パンや焼き菓子は、このレベルの加熱が行われているはずだが、なんといっても若い世代があまりにも怖がっているので、そんなこと言ってる場合じゃない(自戒を込めて)。

我が家は、およめちゃんの指導の下、出産までにはちみつを使い切り、1年間、家の中にはちみつを置かなかったけど、料理や健康食として常用しているおうちではそういうわけにはいかないかも。その場合も、食卓やすぐに目に入るところに置くのはやめて、「危険」と書いたテープを貼っておくくらいの協力をしよう。

モスリンガーゼの愉楽

最近の新生児は、布でぐるぐる巻きにされるって、知ってました？

昔もおくるみにくるんだものだけど、もっとしっかり巻くのである。理由は、胎内姿勢の復元。お母さんのおなかの中にいたときのように、手足を折りたたんで固定してあげると、安心してすやすや眠るから。そのかたちですっぽりと赤ちゃんを収めた布を、大人の身体に斜め掛けする抱っこ装具も市販されている。

私たちの世代から見たら、「え、そんなに足を折りたたんで、そんなにしっかりラッピングしちゃうの？」とちょっと引くけれど、赤ちゃん自体は気持ちよさそうにすやすや。まぁ、考えてみれば、ほんの少し前まで、かなり狭いところで暮らしてたんだから、それでいいのだろう。

赤ちゃんを包む布に関しては様々な素材があって、何を選ぶのかけっこう悩ましい。

２月生まれの我が家の孫は、最初はいわゆるおくるみ（暖かくて伸縮性のある素材）

を使ったのだが、彼が暑がっているように見えたのと、伸縮性のせいでうまく手足が固定できないので、バスタオルに替えてみた。バスタオルは悪くなかったけど抱くのにかさばるし、通気性に問題があるので春以降は使えない……そんなふうに家族が頭を悩ませていたある日、モスリンガーゼの長方形のケットをいただいた。

これが、めちゃくちゃ良かったのである。モスリンガーゼは、やわらかい綿糸を少し緩めに織った薄くてしなやかなガーゼ素材。やわらかい肌触りで通気性が良く、洗うごとに肌になじむのが特徴だ。長方形なので、胎内姿勢巻きにするのに十分丈があるし、真夏にこれにくるんでも赤ちゃんが苦しがることがない。胎内姿勢巻きから卒業しても、身体にかけてガーゼケットとして使える。我が家では、初夏から初秋にかけてのお昼寝の必需品でもある。

小さくたためるので、外出時に持参すると、おむつ替えのときに下に敷いてあげられるし(外のベビーシートに直接寝かせるのは、なんとなく嫌なときあるでしょう?)、外で授乳するときの目隠しにも使える。

私は、生後2か月から孫の添い寝をしているのだが、ときどき、おしっこの勢いにおむつが負けて、パジャマのズボンが少し濡れて、なんとなくシーツもしっとりしちゃった……なんてことが起こる。そんなときも、シーツの上に敷いてしまえば、朝まで快適に過ごせるので、本当に助かる。

やがて、孫がまったく使わなくなったら、私の夏の冷房よけのひざ掛けにするつもり。モスリンは少しお高めの綿素材だけど、そんなふうに使い倒せるので、コストパフォーマンスは悪くない。というか、コスパなんて言っていられない。我が家では、これなしでは、育児の質が保てなかったもの。

モスリンガーゼの長方形のケットは、インターネットで「モスリンガーゼ」「モスリンスワドル」（スワドルはおくるみのこと）などというワードで探すとたくさん出てくる。ちなみに、我が家のモスリンスワドルは、aden＋anais（エイデンアンドアネイ）というブランドのもの。

モスリンガーゼは、今のママ世代も知っている人はまだ少なくて、妊娠中の方にこの情報をあげると、あとからとても感謝されるので、祖父母の皆さまにもおすそ分け。

背中スイッチ

背中スイッチ――ことばは初耳でも、現象そのものは、子育てをした人なら多かれ少なかれ誰でも経験しているはず。抱っこで寝かしつけた子を布団に寝かせると、なぜか起きて泣き出しちゃう、あれ。背中を布団に置いたとたんに泣き出すので、最近では「背中スイッチ」と呼ばれているのだそうだ。

赤ちゃんが布団に置いた瞬間に泣き出す理由は、平らな布団に仰向けに寝るのは、赤ちゃんが「安心する態勢」でないから。赤ちゃんの背中は、丸まっている。おなかの中に丸まって入っていたからね。このCカーブが、やがて大人と同じようなS字カーブになって、自在に寝返りを打つようになるわけ。

背中スイッチには個人差があって、激しく入る子と、そうでない子がいる。実は、人類の手足のコントロールの仕方には4種類あって、生まれつき決まっている。その種類によって、背中スイッチの利き方が違うのである。だから、背中スイッチが敏感だからといって「この子は癇《かん》が強い、神経質」と決めつけるのは不当なのだ。性格とは関係ない。我が家の息子と孫は共に背中スイッチが最も強めに入るタイプ。やっと寝かしつけたのにまた振り出しに戻るので、育児疲れの親には地獄だが、彼らのせいじゃない。背中のCカーブが保てるように、工夫してあげなきゃね。

　モスリンのところでも書いたけれど、背中を丸めて手足をまとめる胎児姿勢でガーゼケットを巻くと、布団に置いても背中のCカーブが保てるので、比較的赤ちゃんの安心が継続する。

ビーズクッションは優れもの

　背中スイッチ対策として、我が家では、もう一つ、大活躍したアイテムがあった。ビーズクッションである。「人間がダメになるソファ」というキャッチフレーズで一躍有名になった、あれ。今では、いくつものメーカーが様々な価格帯で発売している。

　ビーズクッションは、微細なビーズが詰まったクッションで、身体を預けた人のかたちに合わせてビーズが動き、そのままふんわり安定するので、それぞれの赤ちゃんのCカーブに合わせてあげられるのである。

我が家では、孫の背中のカーブに合わせて、あらかじめビーズクッションをちょっとへこませておいて、そっと載せていた。そして、片手で孫を支えつつ、片手でビーズを動かして、さらにフィッティング。彼にしてみれば、抱かれている姿勢とまったく一緒なので、当然背中スイッチは入らない。Cカーブが弱くなるにつれ、作ってあげるへこみのかたちも変わって、平らな布団ですやすやと眠るようになったのは3か月ごろだったかしら。

「ビーズクッションって、どういうもの?」と気になる方は、ヨギボーの公式サイトをご覧になると、「赤ちゃんのお昼寝」利用の説明を見ることができる。実は、我が家が使ったのは、このブランドじゃないけれど、情報がわかりやすいので。

一つだけ注意してほしいのは、カバーの大きさに対してビーズの量が少ないと、身体が沈みすぎるってこと。ブランドによっては、使っているうちにビーズがへたって沈みやすくなることもある。私自身は、赤ちゃんの顔にかかるほど、ゆるゆるのビーズクッションなんて今のところ見たことはないけれど、万が一のこともないようにしたい。クッションカバーにしわが寄るほどビーズがやせていないこと、赤ちゃんを載せてずぶっと沈まないことを必ず確認してください。ちなみに、ブランドによっては、ビーズだけ買い足して、膨らませることもできる。

ビーズクッションは、クッションごと移動もできるので、台所仕事をするときにはこっち、エアコンの風をよけてあっち、日が当たってきたので足だけ少しの時間の日光浴……なんていうニーズにも自在に対応できる。

それに、ビーズクッションは、赤ちゃんをケアする大人にも、それこそ神（若い人たちの使う「神」ですね）。ビーズクッションに座って授乳すれば、背中や肩がうんと楽。風邪をひいて、鼻水が流れるように出て、一晩中抱いて寝てあげるしかない……なんてときにも、赤ちゃんを抱いたままビーズクッションにすっぽり収まれば、仮眠くらいはできる。ビーズクッションがなかったら、保育園デビューで立て続けに風邪をひいてくれた、あの3か月、私は乗り越えられなかったかも。そうそう、妊娠後期の妊婦さんの背中にも優しい。

我が家では、大人が上半身を預けられるサイズを、リビングに一つ、孫に添い寝している私の寝室にも一つ置いてある。孫が2歳3か月になった今では、大人のスマホ時間のお供。孫も、なにかに集中したいときには、ここにすっぽりと身体を預けている。新しいミニカーの機能を確認するときとかね。当然、走ってきて、うつぶせに跳びついたりもする。

実は、我が家がビーズクッションを導入したのは、背中スイッチのためじゃなかった。我が家が都会の狭小住宅で、ベビーベッドを置くスペースの確保が難しかったから。「そうだ、ビーズクッションにしよう」と思い立ったのである。そうしたら、赤ちゃんの背中のCカーブに対応できるので背中スイッチが入らない、授乳も楽、子どもが大きくなっても大人が使える……といいことずくめだったわけ。

たとえば、赤ちゃん連れで、娘夫婦・息子夫婦が里帰りしてくるとき、「ベビーベッドどうするの」問題が発生しない？　買うのは大げさだからレンタルした、という友人もいたけれど、こういうときもビーズクッション、けっこうお役に立ちます。

鼻水吸引機も外せない

「子どもは、12歳までに100回風邪をひく。そうやって免疫力を獲得してるの。だから、子どもの風邪にびびらないで。これも子育ての一部」

そう教えてくれたのは、息子がお世話になった小児科の先生。ご自身も子育てをした、ベテランおばあちゃん先生だった。このセリフは、孫が風邪をひいたとき、呪文のようにおよめちゃんに言ってあげた。風邪をひかせた原因を探し出して、いろいろ悩むから。

赤ちゃんが風邪をひいたとき、とにかく一番かわいそうなのが鼻水だ。私は孫の添い寝係なので、孫が風邪をひけば、彼が少しでも楽に呼吸できるように一晩中抱いたまま、うとうととして過ごす。赤ちゃんの呼吸を案じて眠れないのは、古今東西すべての母に（そして添い寝係の祖父母にも）共通の悩みなのだが、今は、ちょっとした秘密兵器がある。電動鼻水吸引機～！　ぱふぱふぅ。

昔ながらの手動の吸引機もあるのだけど、安定した吸引力で優しく吸ってあげるには電動が一番。風邪をひいた晩、お風呂上がりに吸ってあげると、寝つきがまるで違う。

孫は、昨年の春、1歳2か月で保育園に入園したのだが、4月から7月まで、次から次にいろんなタイプの風邪をひいてくれた。一緒に私も風邪をひくので、微妙に違うタイプの風邪なのがわかる（苦笑）。

ほぼ3か月ほど鼻水に悩まされ、中耳炎にもなった。孫の主治医の耳鼻咽喉科の先生は、「保育園デビューの子たちは、どの子も多かれ少なかれ7月までこんな感じですよ」とおっしゃった。「おうちでも、鼻水吸ってあげてくださいね〜」とも。というわけで、この3か月間は、鼻水吸引機の出番が多かった。

夏を過ぎても、季節の変わり目には、やっぱり鼻水を垂らしてたっけ。ところが面白いことに、今年の春はピタッと風邪をひかない。ずいぶん免疫力の貯金をしたんだなぁと感慨深い。こうなると、一晩中抱いて寝たのもいい思い出である。

この鼻水吸引機は、孫を一晩中抱いていた翌日、仕事でご一緒した現役ママの方から教わった。

鼻水の吸引は、最初はとても嫌がるので、ひとりが後ろから羽交い絞めにして、子どもの足を太ももに挟み、腕を腕で押さえつつ、手のひらで頭を固定していた。けれど、やがて、吸ってもらったら気持ちいいことがわかったらしく、自分から吸引機に近寄ってくるようになった。

先日、アメリカのドラマを観ていたら、シングルファーザーがアレクサ（AI）に助けてもらいながら、赤ちゃんの世話をするシーンがあった。アレクサが「そろそろおむつを替える時間です。寝る前に、鼻を吸うことを忘れずに」とアドバイスしていた。現代の子育てに、鼻水吸引機はここまで常識アイテムの一つなのか、とちょっと感動。たしかにこれ、本当に助かります。

公園デビュー、保育園デビューにワセリン

孫が保育園に入って、最初に気になったのは、お尻が少し赤くなるってこと。おむつかぶれというほどじゃないけど、母や祖母的には気になる赤さだった。考えてみれば、どうしたって保育園では、うんちしてからおむつを替えるまでに、家庭にいるときより時間がかかることがあるんだろう。

保育園には何も文句はない。1歳児を何人もカートに乗せて、毎日のように公園巡りしてくれる都会の保育士さんには、本当に頭が下がるばかり。カートの中でうんちしても、道端で替えるわけにはいかないしね。それに我が家の孫は、平均的なお子さんよりもやや肌が弱いのである。

すぐに、最初からガードしておけばいいんだ、と思いついた。朝のおむつ替えのとき、ワセリンを塗ってやるだけ。それだけで、お尻が赤くなる悩みは、すっかりなくなった。

以来我が家では、保育園に行かない日も、外出前にはそうしている。下痢が続くと

きも、お尻はちっとも赤くならないので、これはいい手だったなと思っている。

我が家の孫は、季節の変わり目などに肌がデリケートになることがあって、生後4か月のころから皮膚科医に皮膚の保護のためにワセリンを処方されているので抵抗なく塗ったけれど、もしも心配なら、皮膚科医に相談してください。ちなみに我が家は、市販のワセリンも使っている。

最近の紙おむつは本当によくできていて、我が家のように、おむつかぶれと無縁なままで育ち、公園デビューや保育園デビューで、少し赤くなって「どうしたらいいんだろう？」と思うケース、案外あるんじゃないかしら。

予防のワセリン、おばあちゃんの知恵の一つにしておくと、感謝されるかも。


あ、ちなみに、公園デビューは「初めて公園遊びをする」、保育園デビューは「保育園に通い始める」という意味。ご存じでしたか？

60代のおばあちゃんなら「あら、知ってるわ」とお答えになるだろうけど、祖父母世代は、けっこう年代にばらつきがあるからね。私の叔母は、34歳のときに産んだ長男が、48歳で父になったので、88歳で6歳の孫がいるもの。世代が変われば、育児の用語も変わる。用語が変われば意識も変わるので、覚えておきましょう。

「うんちが出ない」の救世主

赤ちゃんのうんちが出ない。これは、本当に悩ましい。我が家の孫もときどき2日続けて出ない、なんてことがある。大人4人がおろおろして、おむつを替えるたびに一喜一憂することになる。

さまざまな解決策を試した中、我が家の救世主になってくれたのがマルツエキスだった。おだやかに、けれど確実にうんちを出してくれる。

マルツエキスは、明治39年にドイツから輸入され、長らく飲まれてきた薬なのだそう。だから、祖父母世代には、きっとご存じの方もいると思うけど、私は、息子の子育てのときには聞いたことがなかったし、知っていればよかった、と心から思ったので、ここに加えておく。

マルツエキスは、でんぷんを麦芽で糖化し、カリウム塩を加えて濃縮したもの。その主な成分は麦芽糖（マルトース）で、腸内で善玉菌の栄養となり、分解・発酵を促すことになる。この発酵作用で、うんちが押し出されてくる。水あめ状で、味もまさに水あめ、あのコクのある甘さである。

マルツエキスは、カリウムや糖分の栄養補給剤にもなる。明治の日本が輸入した経緯には「乳幼児の死亡を減らすため、予防医学の観点で」とあるので、もしかすると、最初の意図をクリアしたので、人々の意識から消えてしまったのかも。

生後6か月以下の小さな赤ちゃんにも使えるので（生後1か月以内の新生児については、要医師相談）、たとえば、帰省で帰ってきた孫のうんちが出ないなんていうとき、これがあると便利なはず。とはいえ、薬なので、用法はよく読んでくださいね。

水あめ状のままでは、小さな赤ちゃんには飲み込めないので、ぬるま湯で溶く。そのまま好んで飲む赤ちゃんもいるらしいけど、我が家の孫は、この水あめ味は気に入らなかったらしい。そこで、少量のミルクやスポーツドリンクと混ぜたら、よく飲んでくれた。ネットの書き込みによれば、「スポイトで少量ずつ、舌の上ではなく、頬の内側に垂らすようにしたらうまくいった」というアドバイスもあった。孫は、2歳になった今では、大好きなヨーグルトに混ぜるとパクパク食べる。実際食べてみると、水あめ味は、ヨーグルトと相性が良くて美味。

うちの孫の場合は朝1回でその日の午後に、夜1回で翌日の午前中には出ることがほとんどなので、たまの便秘に1回だけ、みたいな使い方をしている。栄養価の高い糖なので、保存の仕方が悪ければカビも生える。我が家の使い方では、大きな瓶は使い切れないので、1回ずつの個装パッケージのものを愛用中。

ただし、便秘はほかの病気の予兆であることもあるので、慢性の便秘や、なんだか様子がおかしいと思ったら、ぜひ医師に相談してほしい。我が家も、最初は医師に相談し、病気ではないことを確認してから、マルツエキスを処方してもらった。今は市販のものを使っている。

抱き癖回避は過去の話

私たちの世代の子育てには、抱き癖問題があった。泣いてすぐに抱っこすると抱き癖がつくと姑に言われ、かといって泣かせていると、育児は女の仕事だと思っている夫や舅から「うるさい」と言われる板挟み……（ザ・昭和）。けど、今は、抱き癖のことなんか誰も言わない。

そもそも、泣いたら、周囲の大人がなんらか反応してやっていいのである。だって、泣くのは不快を表明しているのであって、赤ちゃんの脳にとっては表現のはじまり。そして、これに誰かが答えることが、コミュニケーションのはじまりになるのだもの。誰も反応しないで放っておくなんて、赤ちゃんに「この世は厳しいぞ。あきらめることが肝心」と教えているのと一緒だ。「はじめに」で述べたように、20世紀は素直な歯車人間（別名エリート）が子育てのゴールだったので、早めに「この世の厳しさ」を知らせることも、まぁ無駄じゃなかった。でも今は、時代が違う。

というわけで、まさか、抱き癖をうんぬん言ってるおばあちゃやま、もういないでしょうね？　抱き癖、脳機能論的には大いにけっこう、親たちが大変なら、どうぞ抱き係になってあげてください。

ただし、こっちが抱いてやりたいのに、孫の母親が「抱き癖をつけないで」と言った場合には、それに従ってください。

たとえば、複数の子をワンオペで育てている（ワンオペ＝ワン・オペレーションの略＝たった一人で日常の育児のほぼすべてを担当していること）、核家族で共働き、親の体調が悪い——などなど、様々な理由で、子どもに時間と手をかけられない親たちはいる。その場合は、子どもにも、少しはあきらめてもらわなきゃ、暮らしていけない。たまに来たおばあちゃんがちやほやして帰っていくと、その後が大変と嘆くママたちもいる。

泣いた子を躾のためにあえて放っておく必要はないけれど、やむなく「この世を少しあきらめてもらう」のはしょうがない。もしかすると、天真爛漫さが少し減じるかもしれないけど、それくらいで、彼（彼女）の生きる力や才能がつぶれるわけじゃない。つまり、抱き癖問題は、親たちの気持ちの赴くままでいいってこと。

それでも胸が痛いときは、「あなたが、ここを選んで生まれてきたのだものね。大丈夫、素敵なところだよ。たくましく育ってね」とウィンクして、その場を去ることだ。

ねんトレ問題

ねんトレは、「ねんねトレーニング」の略。セルフねんね（ひとり寝）の訓練をすることである。

私はこのことばを、実はラジオの投稿で知った。私がパーソナリティを務めるラジオ番組に「ねんトレをどう思われますか？」という質問が寄せられたのだ。およめちゃんに聞いたら、当然という顔をして「けっこう、みんなやってる」と教えてくれた。

まだ起きている赤ちゃんをベッドに置き去りにして、部屋を暗くして「おやすみなさい」と部屋を去ると、赤ちゃんがすこやかに一人で寝入るのが「セルフねんね」である。そう、欧米のドラマや映画で見かける、あれ。

60代以上の方なら、1966年から日本で放映されていたアメリカのホームドラマ『奥さまは魔女』を観て育った方も多いはず（アメリカでは1964年から1972年まで全254話が放映された。私は全話のDVDを持っている！）。美しい魔女サマンサが、人間の男性（その名もダーリン）と結婚して、様々な騒動を起こす、とてもチャーミングなお話なのだが、そのドラマの中で描かれる60年代のアメリカの暮らしに、少女だった私がどれだけ憧れたかは筆舌に尽くしがたい。食洗機も大きなオーブンも備えた明るいキッチン、ディナーパーティも開けるダイニング、庭に続くポーチ、豪華な暖炉のある客間。そして、オシャレなワンピースや、カラフルなサブリナパンツで家事をこなす、そのライフスタイル（うっとり）。

全254話には、出逢いも新婚時代も子育ても描かれている。ラブラブの新婚時代を過ごしたのち、サマンサには、タバサというかわいい女の子が生まれる。けれど、サマンサはおむつを洗わない（紙おむつはまだ歴史に登場していないのに）。おむつを回収して洗って返してくれる業者がいて、丸投げなのである。そして、とても印象的だったのは、赤ちゃんのタバサを一人で寝せること。赤ちゃんが生まれても、サマンサは、髪一つ振り乱さず、新婚時代と同じように、美しいネグリジェ姿で、ダーリンと楽しい会話をしながら眠りにつくのである。タバサは、ひとり部屋で機嫌よく眠りにつく。たまに寝つきが悪くて泣くこともあるけど、あやして寝れば、やっぱりひとり寝のベッドに置かれて、両親は別の部屋。最初は、魔女のお話だからだと思っていたけど、のちにそれが欧米スタイルなのだと知って、私は驚愕した。

ねんトレがうまくいけば、そういうことになる可能性があるわけだ。親たちに余裕が生まれ、欧米の子どものように、早くから独立心が芽生える（のかも）。

ねんトレには向く親、向かない親がいる

ねんトレは、特に情報発信力の高いママの間で推進されていて、ねんトレに成功したお母さんたちが「ねんトレをしないと生活習慣が身につかない」「ねんトレのおかげで情緒が安定して、知力も上がった」などとネットに書き込んでいるので、「ねん

トレは、しないといけないこと」と思い込んでいる新米ママも多い。で、「赤ちゃんを一人で暗闇に置き去りにすることなんて到底できない」とか「やってみたけど、子どもが30分以上も泣くのでメンタルダウンしそう」「子どもが笑わなくなった」など悩みを抱える人も多いのである。

ねんトレは、「しないといけない」ものじゃない。もしもあなたの孫の母親が、ねんトレに迷って悩んでいたら。きっぱりとそう言ってあげてほしい。

そもそも、日本人の子育ては、太古の昔から母子密着型。母親あるいはその代わりの誰かが添い寝してきたのである。この育て方がダメだというのなら、日本人すべてがダメってことになってしまう。そんなことないでしょう？　世界に誇れる日本人をいくらだって挙げられるはず。アスリートにデザイナー、アーティスト、企業人……ノーベル賞に関して言えば、ドイツから「日本人にあげすぎている」というクレームが上がったというニュースを聞いたことがある。それが噂話にすぎなかったとしても、たしかにノーベル賞の数が多い国なのは事実。

母親がねんトレにドン引きなら、絶対やめたほうがいい。なぜならば、ねんトレが成功するかしないかは、母親の自然体にかかっているからだ。『奥さまは魔女』のサマンサがするように、ごく当たり前のことのように「おやすみ」と言ってドアを閉めないとね。サマンサは愛情あふれるママだけど、子どもを一人で寝せることに、なんら不安がなく、いとも自然なのである。

親の動揺に、赤ちゃんは強く共振する。女優並みに演技したって、赤ちゃんは騙せない。動揺する親に置き去りにされるなんて、それはめちゃくちゃ不安になるに決まってる。そして、不安で泣いても、何十分も放っておかれるのである。小さな脳が、絶望を経験することになる。ヒトの脳の柔軟性から言えば、それで人格が崩壊するとは思わないけど、無邪気さが減じるくらいのことはあると思う。

この「子どもを置き去りにする苦痛」には個人差がある。オキシトシンというホルモンが関わっているからだ。

オキシトシンは親愛の情を作り出すホルモンである。赤ちゃんのあどけない姿に胸がきゅんとして、何があっても守ってあげたくなるのは、オキシトシンのおかげ。オキシトシンと乳腺刺激ホルモン・プロラクチンは連動していて、オキシトシンが出ればお乳が張るし、逆に、赤ちゃんが乳首を吸うことで、ママのオキシトシンが増量する効果もある。

赤ちゃんの泣き声を聞いただけで、お乳がほとばしるように出てきた経験のある人は多いと思う。孫が愛おしすぎて、久しぶりに乳腺がきゅっとなる感覚を覚えたというおばあちゃん仲間も多い。

オキシトシンの分泌量が多ければ、親愛の情が強く働き、共感力が高くなる。意識が赤ちゃんと共鳴するので、とてもじゃないけど暗闇に置き去りになんかできない。一方、オキシトシン分泌がそれほどでなければ、赤ちゃんを別人格ととらえて、冷静にドアを閉められる。

オキシトシンの分泌量には個人差があって、多い人もいれば、少ない人もいる。噴出する場面や頻度にも個人差があって、授乳中には出るけど、子どもを寝せてからすることが気になっているときはそれほどでもない、という人も。

多いからいい（あるいはダメ）ということも、少ないからいい（あるいはダメ）ということもない。オキシトシンの分泌量に見合った、母子密着をすればいいというだけ。大事なのはそれだけだ。オキシトシンの分泌量が多い人が、それほどでもない人の真似をする必要はないのである。

余談だが、オキシトシンの分泌量には人種差もあると言われていて、私たちモンゴロイドは、特に分泌量の多い人種なのだという。東アジアの子育ては元来母子密着度が高く、欧米の自然体のセルフねんねには驚くばかりだが、それもまた当然のことなのかもしれない。

というわけで、ねんトレは、自然体でできる母親はすればいい。苦痛に思える母親はしなければいい。そのあたり、不安に揺れる母たちに、ぜひ伝えてあげてほしい。


考えてみれば、私たちの世代にはトイレ・トレーニングのストレスがあった。あれも悩んだ人は多いけど、今となっては急ぐ必要もなく、自然体でなんとかなったんだなぁというのがわかる。いつの時代も、新情報が、新米ママたちを悩ませる。いつの時代も母親たちに「子育ては絶対に失敗したくない」という強い気持ちがあるからなんだろう。ＳＮＳがあって、他者の声に翻弄される時代なので、それに拍車がかかっているようにも見える。

祖父母は、孫をこよなく愛しながらも、親たちよりも冷静になれるし、連綿と続いてきた古き良き子育ての習慣も知っている。孫の親たちが、ネット情報の「ねばならない」に苦しんでいるのなら、救ってあげよう。

答えは子どもが知っている

私は、子育ての迷いの質問にはよく「答えは、彼（彼女）が知っている」と応える。

先日、保育園の保護者のための講演会で、質問を受けた。「1歳の子どもがいて、ときどき夜寝ないことがあって、『眠りに誘う映像』（波の映像と穏やかな波の音、みたいな）を、壁に映写しています。これでよく眠るのですが、脳に何か問題はありますか？」「我が家も、2歳の子が寝つきの悪い子で、スマホで『眠りに誘うサウンド』を流しっぱなしにすることが多いんです。デジタルな音源は脳に悪いと聞いたことがあるけど、大丈夫でしょうか」

のちにその根拠をお話しするが、結論から言えば、これくらいのデジタル情報が、子どもの脳を壊すとは思えない。子どもたちがよく眠って、翌日、いつもと変わらないのなら、気にしなくていい。そもそも、いくらテレビやスマホを避けたとしても、今や家電も駅のアナウンスも合成音でしゃべり、街の様々な音がデジタル音で流れている。脳がいくばくかのデジタル情報に接することは、もう避けられない時代だしね。

「万が一の心配」を言い出したら、きりがない。赤ちゃんをよく観察すれば、脳にストレスのあることが定常的に続いているのなら、必ず何か兆候がある。答えは、赤ちゃん自身が知っている。

人類の環境は、変わり続ける。常に新しい何かが生活に加わり、親や祖父母を不安にさせる。今のように目まぐるしく時代が変遷しているときは、常に子どもをよく観察していることが一番大事で、親や祖父母の勘を大事にしてほしい。周りがなんと言ったって、「うちの子には合わない」と直感したら、やめること。

デジタル映像やデジタル音源は、脳に悪い？

さて、デジタル映像やデジタル音源が、脳に悪いかどうか、のお話。今や子育てアイテムも増えているので、親の悩みも増えているのだ。

デジタル映像やデジタル音源は、そればっかりで育てるのには確かに問題がある。なぜなら、脳のレンジ（認知するのに得意な範囲）がデジタル情報のそれに絞られてしまうので、現実世界に対する勘が鈍くなるからだ。

聴覚は、育つにつれて、その指向性（聞こえやすい音の特性）が決まってくる。日ごろ耳にして、内容を識別する必要のある周波数帯に鋭敏に、そうでない周波数帯のそれに鈍くなっていくのである。母語によって使う周波数帯が違うので、母語が違えば耳が拾う音も違ってくるし、育った場所の自然音にも影響を受ける。

視覚もそう。砂漠の民は、テラコッタ（赤茶色系）の色味を100色以上も見分けるという。私の友人が、サハラ砂漠で、現地の人に道案内してもらったとき、大阪育ちの彼には見えない砂漠の「模様」があるのを知ったという。日本人には、ただ一面の赤茶色の大地に見えるだけなのに、砂漠の民は、車が走れる道を見分け、待ち合わせ場所を特定できるのだそうだ。代わりに、私たち日本人は、緑色の識別に長けていると言われている。

こんなふうに脳は、日ごろ識別している情報に鋭敏になるとともに、そうでない情報に鈍感になっていく。全方位に鋭敏だと、とっさに処理する情報量が多すぎて判断が鈍くなるので、生きる環境に合わせて、その指向性を絞っていくわけ。その絞り込みを、主に幼児期に行っていく。

電子機器を通して聞こえてくるデジタル音は、処理された信号音である。21世紀の音響技術はとても高度で、本物の音と区別がつかないように思えるけれど、それでも、自然音（アナログ音）の持っている複雑で不規則な音声波形を、一定程度はしょっているのである。脳は、脳の持ち主が自覚しているよりずっと鋭敏なので、それがわかる。もしも、赤ちゃんの聴覚をデジタル音にフォーカスしてしまったら、自然音の識別に鈍感になる可能性は十分にある。けれどそれは、成長期の耳にノイズキャンセル付きの耳栓を突っ込んで、自然音から遮断するような事態でしか起こらない。

だから心配なのは、もう少し大きくなってからの、イヤホン突っ込んで長時間ゲームをするとか、ロックなどの激しい音楽をイヤホンで聞き続けること。音量が大きく、音質の急激な変化などがある刺激的なデジタル音を聞き慣れてしまうと、聴覚が刺激をフィルタリングしてしまうので、当然、日常生活での聴覚は鈍くなる。これが、最近、問題になっているのである。

こういう「デジタル音源の問題」は、赤ちゃんの入眠を助けるために、「生活音を遮断しない状態で、いくばくかの時間、優しい音楽を流す」のとは、まったく別の話。基本的には、自然音や生活音より、著しく刺激が大きいかどうか、自然音や生活音を遮断していないかどうかで判断すればいいと思う。

子どもの脳の指向性は、親が決めるもの

さて、そう言って安心させたけれど、親自身がこだわってデジタル情報を避けているのなら、それは尊重してあげてほしい(「黒川先生が問題ないって言ってるから」

とか言って、親が避けているものを安易に与えないでほしい)。

脳は、想像を超える繊細さで、この世を認知している。専門領域を極めれば、「一般的に大丈夫」の域を超えた配慮が必要なこともあるかもしれない。

たとえば、インドの古代語ヴェーダを継承して、ヤギャと呼ばれる伝統の儀式を司る家系では、英語に触れることを禁じているという。ヤギャは、非常にデリケートな音響特性を持った吟唱を行うので、聴覚を鈍感にしないために。

英語は、人種も環境も違う多くの人が使う言語なので、汎用化され、いい意味でデリケートじゃない。英語を自在にしゃべれれば、世界が広がって便利だけれど、ヴェーダや日本語のように、ある限られた地域で成熟してきた言語が拓く脳の感性領域を、鈍くしてしまうこともある。

親に強いこだわりがあって、子どもから何かを遠ざけようとしているのなら、祖父母には手が出せない。孫に何か深刻なストレスが生じない限り、親の方針に従って見守るしかない。

早期の外国語教育は、是か非か

英語の話になったので、よく質問される「早期の外国語教育」について、私の見解を述べておこうと思う。
結論から言えば、私自身はあまり積極的じゃない。その子の（その親の）生きる戦略にもよるけど、せっかく特別な感性を拓く日本語の使い手として生まれて、英語のような汎用言語で、脳の感性領域をまぜっ返すのはもったいなくない？

日本語は、母音を主体に音声認識する言語である。母音は複雑な波形のアナログ音で、自然界の音（笹の葉のこすれる音、小川が流れる音、風の音、虫の音……）とよく似た音声波形を持つ。このため、日本語で育つと、自然音を微細に聞き分ける能力が高い。具体的に言うと、日本語の使い手は、自然界の音を左脳（知覚した音に情緒的な意味を付す場所）で聴くのである。ひぐらしのカナカナという鳴き声を聞いて寂寥感を覚えるのも、笹の葉のサラサラいう音を聞いて清涼感を覚えるのも、日本語の使い手に強く働く感性なのだ。このことは、角田忠信先生の『日本語人の脳』(言叢社)に詳しい。

一方、英語は子音を主体に音声認識する言語で、英語を母語とする人は、母音にほぼ左脳が反応しない。自然界の音にも同様で、日本語人のように、左脳に神経信号が流れない傾向にあるのだという。

ちなみに、ここで言う「日本語人」とは、日本語を母語として育った人たちのこと。遺伝子や国籍に関係なく、日本語を母語として育つと、母音と自然音を左脳で聴くようになるため、厳密には「日本人」ではない。日本人に生まれても、日本語が半端なら、この限りではない。

脳の母音に対する感性は、3歳くらいまでに絞り込まれていく。このため、それより以前に外国語教育を始めれば、ネイティブのようにしゃべるのが簡単なのだ。と同時に、日本語人特有の感性が弱まる可能性が高い。というわけでまぁ、どっちを取るかって、話である。

日本人特有の感性を、私はけっこう重要視している。数学や物理学の領域では多くの日本人が業績を残しているし、漫画やアニメやゲームなどのエンターテインメントの分野でも世界をけん引している。

私たち祖父母世代が若者だった時代は、グローバルということばが世界を席巻し、マジョリティ（多数派）が世界の勝者だった。だから、マジョリティ言語＝英語をマスターして、「世界の一般人」を目指す必要があったのである。今や、汎用の答えはネットやＡＩが即座に教えてくれる時代、人々が欲しがっているのは汎用の答えなんかじゃなく、「そこにしかない個性」である。そんな時代に、汎用言語の使い手になる？

なお、海外で育つ、あるいは家族の中に複数の母語の使い手がいるなど、日常に「感情とともに話される言語」がハイブリッドで飛び交っている場合は、「日本語をしゃべるときは日本語が拓く感性、他言語をしゃべるときはその言語が拓く感性を使う」というハイブリッド脳になる可能性もある。ただ、現実には（そういうご家庭の様子をお聞きしてみると）、子どもたちの脳は主たる言語を決めるようだ。気持ちを表現するのに優先して使う言語が生じて、その感性を伸ばしていくようである。

脳は、結局、自分に合った言語を母語として選び取る。両親の母語と、育つ社会の母語が一致していれば、自然にそれ。母語ハイブリッドな環境で育った脳は、その脳らしいチョイスをして、個性を発揮する。私は何も、単一言語でないといけないなんて言ってない。日本語人の家庭に生まれ、日本語の使い手として育っているのなら、その幸運を生かさない手はないのでは？　と言ってるだけ。

大谷翔平の、日本語という「戦略」

大谷翔平選手は、アメリカにおける公式な挨拶も、美しい日本語で行っている。つい先日、ロスアンゼルス市が5月17日を「大谷翔平の日」に制定したセレモニーの会場でもそうだった。彼が、自身の脳にフィットした母語を誇らしく使う姿を見るたびに私は胸が熱くなる。そして、このことが、彼のずば抜けた運動センスに関与していることを思わざるを得ない。ことばの発音には、身体制御の中枢司令塔・小脳を使うからだ。

運動選手が外国語を使うか使わないかは、その効用による。たとえば、サッカー選手がポルトガル語をマスターしたことによって、ポルトガル語が拓く感性を手に入れることになるかもしれない。サッカーの強豪国ブラジルの言語だから、サッカーのセンスに寄与する可能性はもちろんある。ただし、一方で日本語が拓く感性領域を少し休ませることになる。

脳がとっさに流せる神経信号の数は僅少なので、誰もが全方位に鋭敏になることはできないのである。脳にはどうしたって指向性があり、そのチューニングに関しては、戦略が必要だ。一方、大谷翔平選手のように、最高峰の運動センスを誇る脳は、母語にこだわるべきだ。一方、発展途上の選手が、強豪国のことばをマスターするのはあり。

ただし、多くの人が、母語に特化したセンスを究めたほうが有利なのは否めない。母語は、母の胎内で10か月近くも、母親の横隔膜の動きや音響振動、母親の感情変化に伴うバイタル情報と共に脳に入れてきた魂の言語なんだもの。だから私は、早期の、半ば強制的な（母語を無邪気にしゃべれない時間が何時間にもわたるような）外国語教育に賛成できないのである。ただし、ときどき通うだけの、楽しく遊ぶタイプの幼児教室などはその限りではない。

母親の思いで決めればいい

とはいえ、子どもを汎用言語の流暢な使い手にしたいという親の強い希望があれば、それはそれ。脳の感性のチューニングは、そもそも親の影響で施されるもの。日常の些細な言動の一つ一つが、子どもの脳の指向性を作っているので、親の生き方に任せるしかない。祖父母には、なんともしがたい聖域なのである。

というわけで、「早期の外国語教育をどう思いますか？」と聞かれれば、私はこう答えている。「母親がしたいのならすればいい。何をしても、しなくても、脳には得るものと失うものがある。その子を10か月おなかに入れていた母親がしたいと思い、すべきと直感するなら、それがその子に必要なチューニングなのでしょう。──ただ、少しでも迷いがあれば、勧めない。ママ友に『ゼロ歳からの英語教育はマスト。小学校で授業についていけなくて泣くよ』なんて脅されて、しぶしぶ通うのなら、美しい日本語を使う機会を増やすべき。母親の直感に従って」

外国語は必要なら、大人になってからだってマスターできる。コミュニケーションのツールなら、ネイティブのような発音じゃなくたっていいわけだし。超一流になっちゃえば、大谷翔平選手のように、美しい日本語を堂々としゃべって、なおかつ尊敬されるわけだし。

与えられるより、出逢うこと

その他の早期教育も、親たちの気持ちで決めればいい。

ただ、一つだけ、親たちに教えてあげてほしいことがある。脳は、情報と、出逢うべきときに出逢うことが一番なのだということ。

与えたい情報を、子どもの周辺に用意するのは素晴らしいことだけど、強制しないで、子どもの脳が自然に出逢うのを待ってあげてほしい。その「何か」と目が合って、子ども自身が触れたいと願って手を伸ばすとき、脳は最大限の感性情報を獲得する。

１９９０年代、様々な手遊びのアイテムが集合した、プレイセンターなどと呼ばれる知育玩具が流行った。１枚のプレートに、ダイヤル、押しボタン、レバー、コンセント、ワイヤーに球を通したものなどが収まっていて、あらゆる手の動きをこのプレートで体験できる。布製のそれもあって、リボンをほどいたり、ボタンをボタンホールに通したりして遊ぶものもあった。手の制御は、脳を統合的に使う、とても知的な行為なので、「知育玩具」の名に恥じない、いいおもちゃだと思う。この手のおもちゃは、今もある。

ただ、私の母が、彼女の孫（私の息子）の手をとって、「ほらほら、見てみて。こうするのよ、ほら」と指導しようとするので、「お母さん、それ、使い方間違ってる。お母さん自身が楽しそうに遊んで見せるだけでいい。彼が興味を示して、近寄ってくるのを待って。もしも彼が興味を示さないのだとしたら、彼の脳の準備が整ってないので、また明日以降、遊んでみて」とお願いした。

たとえば、ボタンがボタンホールをすり抜ける場面は、初めて出逢う赤ちゃんの脳にとっては、まるで魔法。めくるめくスペクタクルである。ただ、脳の三次元認知の能力がある程度整っていないと、これを認知して感動することはできない。

願わくば、ごく自然に、赤ちゃんの脳の準備が整ったころに「抱っこしてくれた大人のカーディガンのボタンに指が引っかかって、そのシーンを目撃し、脳が興奮した」なんていう出逢いをしてくれると最高なんだけど、なかなかそんなわけにはいかないし、その後、同様のシーンを繰り返し体験することで、脳の刷り込みを強めることも、偶発的な事象では難しい。というわけで、知育玩具の登場になるわけ。

ただ、脳の準備が整っていないうちに、ボタンの出し入れをしつこく強制されたら、準備が整って出逢うべき瞬間が来たとき、赤ちゃんの脳が、その風景に飽きている可能性がある。好奇心が働かなくては、その感性情報を深く脳にしまうことがかなわない。せっかくの出逢いを無駄にしてしまうかもしれない。赤ちゃんの横で、大人がさりげなく遊ぶ……くらいの誘導が理想的だと思う。

子どもの感性を伸ばすのが目的なら、子どもの脳のペースで。子どもは、ちょっと暇なくらいがいい。脳は足りないことより、過剰なことのほうが仇《あだ》になるから。

第4章

孫との付き合い方

子どもには、「その存在を、まるごと受け止めてくれる人」が要る。たとえ後ろ向きの発言をしても、がっかりされたり、叱られたりすることなく、まずは「そうか」「そうなんだね」「わかるよ」と受け止めてくれる人。

子どもには、「待ってくれる人」が要る。試行錯誤を繰り返しながら、世界をまるごと、自分の五感で感じ取ろうとする道のりを。

「まるごと受け止めてくれる人」「待ってくれる人」——私たち祖父母は、この役をやるために、この星に踏みとどまっているのである。

前述したように、親は生殖期間にあって、生殖機会を増やそうとする本能から、一人の子どもに人生資源（時間、手間、意識）をかけすぎないよう脳がブレーキをかける。本能的に、ゴール指向型（プロセスよりも成果を重視し、コストパフォーマンスを求める）回路が優先され、「合理的に育児をして、さっさと一人前にしよう」としてしまうので、つい、先へ先へと子どもを追い込む。躾けたり、教えたり、せかしたり、叱ったりする生き物なのである。まぁ、それもまた、子育ての大事な一面なのだけど、人間の英知やセンスの種はプロセスの中に潜んでいる。プロセス指向型（成果よりもプロセスを重視し、共感し合う）回路を優先させて、子どもに寄り添う人材が要る。それが私たちだ。

そばに住んでいなくたって大丈夫。夏休みやお正月に会うだけでも、あるいはメッセージやメールを交換しているだけでも、徹底して「まるごと受け止める役」「待ってやる役」をやればいい。会えない日常は、「おじいちゃん（おばあちゃん）が、きっとわかってくれる」という思いだけでも支えてやれる。昔から言う、心のよりどころ、ってやつですね。

心理的安全性

ここ数年、企業の人事部で「心理的安全性」というキーワードが話題に上っている。グーグルが４年にも及ぶ社内調査の結果、効果の出せるチームとそうでないチームの差はたった一つ、心理的安全性（Psychological safety）が確保できているか否かだ、と言い切ったからだ。

心理的安全性とは、「なんでもないちょっとしたことを無邪気にしゃべれる安心感」のこと。つまり、脳裏に浮かんだことを素直に口にしたとき、頭ごなしに否定したり、くだらないと決めつけたり、皮肉を言ったり、無視したりする人がチームにいないことである。

結論がなくてもいい、なんなら、その言葉が浮かんだ意図さえも把握できていなくていい。たとえば「さっき、駅の階段でつんのめって怖かったんです(別に落ちたわけじゃないけど)」とか「今朝、夢を見たんですよね(何の夢か覚えてないけど)」のような、オチも結論も対策もない話が抵抗なくできること——それが心理的安全性である。


数年前、グーグルがこのことを提唱したとき、日本の優良企業は、皆それをキャッチアップしたのだが、なかなか咀嚼《そしゃく》できなかったようだ。天下のグーグルの、精鋭チームに必要な唯一の資質が、戦略力でも調査力でも開発力でも実行力でもなく、「なんでもしゃべれる安心感」だなんて……世界を制覇した成果と心理的安全性がどうつながっているのか、それがまったく見えないからだ。

結局、「心理的安全性」を「風通しのいい職場」と解釈して、「風通しのいい職場に。ハラスメントをゼロに」というキャンペーンに代えて、お茶を濁している企業も少なくなかった。

そうはいっても、今さら「風通しのいい職場」なんていうことを、天下のグーグルが世界的に発表するだろうか。グーグルの提言の熱意と、「風通しのいい職場」という帰結のぬるさ。その温度差に、なんとも腑に落ちない、落ち着かない。それが、大方の日本の企業人の感覚だったようだ。実際、ネットで「心理的安全性と、ぬるい会話をどう区別したらいいいんだ？」という議論が交わされたりしている。

頭ごなしの対話は、若い人の発想力を奪う

しかしながら、この提言を聞いたとき、私は雷に打たれたような気がした。

なぜなら、私の研究の立場からは、「真理」のど真ん中だったから。今まさに、世界中のチームが身につけるべき資質。さすがグーグル、本当にいい企業なんだなぁと、ため息をついた。

ヒトは、発言をして嫌な思いをすると、やがて発言をやめてしまう。「こんなこと、上司に言ったって、頭ごなしに否定されるだけ」「親に言ったって、説教食らうだけ」「妻に言ったって、イラつかれるだけ」「夫に言ったって、皮肉が返ってくるだけ」――そんな思いを何度かすれば、浮かんだことばを呑み込むようになる。

最初の何回かは、浮かんだことばを呑み込むのだが、やがて、その人の前ではことばが浮かばなくなる。つまり、「感じる領域」と「顕在意識」を遮断してしまうのである。それは、とりもなおさず、発想の水栓を止めてしまうということ。つまり、いきなりネガティブな反応を返されると、ヒトは発想力を失うのである。発想力だけじゃない、自己肯定感まで下げてしまう。

グーグルは、斬新な発想で、今までにない世界観を作り上げてきたデジタル企業だ。

こんな企業で、若い人たちの発想力を止めてしまったら、それこそ致命的なのである。

もちろん、同じことが家庭にも言える。大人たちの、良かれと思って繰り出す「いきなりのダメ出し」が、子どもたちの発想力に蓋をしてしまうのである。同時に、自己肯定感も低くなってしまう。このあと詳しく述べるが、AI時代に突入し、人類に必要な資質は、発想力と対話力、そしてそれを支える自己肯定感に集約してきている。

今、どんな英才教育より、子どもたちの心理的安全性を確保しなければならない。

「俺たちの時代」は終わった

この話をすると、「俺たちの時代は、違ったよなぁ」とつぶやく方がいると思う。私たちが育った時代はもとより、私たちの子育ても、躾とエリート教育に彩られていたものね。

20世紀は、親も学校の先生も、スポーツの指導者も、子どもの口答えを許さない。

誰もが認める一般論的な理想像「お行儀よく、成績がよく、目上の人に逆らわず、タフな実行力にあふれている」を目指して、決めつけの教育が施されてきたのである。

部活のコーチに「うさぎとび100回！」と言われたら、「それって、何になるんですかね。どこの筋肉に効くの？　膝を痛めるリスクもありそうだし」なんて発想や危機回避をしてはいけないのが20世紀だったのである。

ただ、私たちは、それをあまり気にしていなかった。というのも、脳の中には、頭ごなしのコミュニケーションが活性化する回路があるからだ。それは、「上の言うことを疑わず、死ぬまで走り続けることができる、がむしゃらな気持ち」を作り出す回路である。つまり、頭ごなしの教育は、歯車人間を作り出す仕組みだったのである。

私は1983年入社で、入社してすぐ言われたのは、「きみたちは歯車だ。小さな存在にすぎないが、歯車が一つ止まれば、組織全体が止まってしまう。責任は大きい」という訓示で、当時の頭では、けっこう感動したのを覚えている。

歯車には、「なぜ、この方向にひたすら回るのか」はわかっていない。その是非を疑うことも許されない。「こうしろ」と言われたことを、疑わずに遮二無二邁進することで、大きな組織を回すことに喜びを感じるセンスが、当時のエリートには不可欠だった。

そもそもエリートたちは、幼いころから、母親の「こうしろ」に従って、お行儀よく高偏差値の大学を出て、一流の場所にたどり着いたので、それはお家芸のようなもの。末端の小さな歯車が、やがて大きな歯車になっていくのが出世街道だったのである。


20世紀にだって、夢を見た人はいた。本田宗一郎しかりスティーブ・ジョブズしかり。けれど、ひとりの夢見る人がいれば、何万人もの歯車人間がそれを支えていたのである。

そもそも夢の数も、そんなに多くなくてよかった。20世紀は、製品やサービスの機能が単純だったから、企業は生活者の夢を実現すればよかったのである。「車が欲しい」「掃除機が欲しい」「クーラーが欲しい」、そんな生活者が見る夢を。

ところが、21世紀、製品やサービスの機能は複雑である。家電製品ひとつ買っても、ユーザの想像を超える機能が付加されていたりする。電子機器なんて、何年使っても使いきれない機能があるくらいだ。では、いったい、誰が夢を見ているのか——企業人たちである。そう、21世紀は、ひとりひとりが夢を見る必要がある。そして、その実現は、かつてのような歯車人間じゃなく、ＡＩが支える。

残念ながら、「俺たちの時代」は終わったのである。その兆候は、ここ10年ほどあったけど、２０２３年、息の根が止まった。生成ＡＩがオフィスワーカーの一員のように活用され始めた年に。

私たちの孫は、想像もつかない未来を生きていくことになる。確実なのは「夢見る力」が必要だということ。そして、それを育むために心理的安全性の確保が不可欠であることも。

心理的安全性を確保する対話術

心理的安全性を確保するには、２つの原則がある。

（1）相手が話し始めたとき、いきなり否定しない
（2）相手に話しかけるとき、ダメ出しから始めない

否定もダメ出しも、もちろんしていい。ただし、いきなりしない。ただそれだけでいいのである。まぁただこれが、案外難しいのだ。

そうそう、もう一つ、気をつけなければならないことがある。孫の心理的安全性を確保するためには、家族全員に、同じように接しなくてはならない。孫にはできても、自分の連れ合いに、あるいは子どもたち（孫の親や叔父叔母）に、心理的安全性を損ねるような会話を常時展開していたら、孫は、安心することができない。一貫して、「気持ちを受け止める余裕のある人」であることを見せる必要がある。

まぁ、そうは言っても、家族は一発触発、時には感情がぶつかり合うときもある。たまのことは、あまりに気にしないでいい。脳は繊細な感性を持っているけれど、だからこそ「粗雑な異常値」は「雑音」として切り落としてくれる。日常にしなければいい。

家族の話は「いいね」か「わかる」で受ける

それでは、心理的安全性を確保する対話術その1、「相手が話し始めたとき、いきなり否定しない」について。コツは簡単、家族の話は、「いいね」か「わかる」で受けると覚悟を決めればいい。

相手が無邪気に言ったこと、ポジティブな気持ちで言ったことが、たとえ「ふざけんな」と思うことであっても、気持ちだけは受け止めてあげたい。なぜなら、無邪気に言ったことを否定されると、ヒトは話すことをやめ、発想力に蓋をするからだ。

私は、息子を育てるとき、この「その1」のルールを、けっこう守ってあげた。1991年生まれの彼が、AI時代を生きていく第一世代になることがわかっていたから。

「今日は学校に行きたくないなぁ」にも「わかるわぁ。雨だしね」みたいに。「いっそ、休んで遊んじゃおうかな」にも「いいね、ママも休んで、ホットケーキ焼いてあげたいなぁ」で受ける。「けど、そんなわけにはいかないこと、わかってるんでしょ？」と言うと、「まあね」と言ってランドセルを背負ったっけ。

たまには、そのまま休む日もあったけど、人生、それくらいの息抜きがあったっていいんじゃないのかなぁ。まぁ、そのあたりの考え方（学校は休まずに行くべき）は、人それぞれの哲学なので、気持ちを受け止めた後、きっぱりと送り出すのもよし。要は、子どもの最初のつぶやきを受け止めるってことだ。

息子が33歳になる今でも、私は、彼の気持ちの発露は「そうね」で受けている。週末、山で遊んできた月曜日の、「こんな日は会社に行くのがつらいよね」（私が社長の会社なんだけど）にも「そうよねぇ」と笑顔で。

実際、腹も立たない。ヒトの脳には、情の回路と理の回路があって、その2つの回路の答えは大きく違う。情で揺れても、理性でなんとかするのが人間だもの。揺れた情の一言をいちいち正す必要もない。共感して慰撫《いぶ》してやれば、たいていは、理の回路に切り替わる。

人間のコミュニケーションには、2本の通信線がある。「心の通信線」と「事実の通信線」だ。心は受け止めて、事実（ことの是非）はクールに進めるのが、対話の達人である。

「わかるよ、君の気持ち」と受け止めたあと、「でもね、相手にしてみたら、受け入れがたいかも」とダメ出しをし「こうしたら、スムーズだったんじゃない？」とアドバイスをする。他人にそれができる人でも、家族には、いきなり「何やってんの。お前も〇〇すればよかったんだよ」とダメ出しする人が多い。

前者は、心理的安全性が確保される対話、後者は心理的安全性が損なわれる対話ってことになる。

イヤイヤ期の地球実験

子育てのフェーズには、「親が、子どもの言動をいきなり否定しやすい時期」がある。最初に来るのが2歳のイヤイヤ期、次に4歳のなぜなぜ期、最後に思春期である。

親が何をしても、誰かが一貫して言動を受け止めてあげれば、心理的安全性は確保できる。その誰かになってあげて。

我が家の孫息子は2歳3か月、今まさにイヤイヤ期真っ最中である。おむつを替えるのもイヤ、着替えるのもイヤ、何にせよ、こちらから誘うと全部イヤ。調子に乗って、返事が「イヤ」になるのが面白すぎる。名前を呼んでも「イヤ」、おやつに誘っても「イヤ」、「抱っこする？」にも「イヤ」。もちろん、いけしゃあしゃあとおやつを食べ、抱っこしてもらいに来るけどね。反射的に、口について出ちゃうみたい。そのほか、「ちがうよ～」もよく言うけど、力が入りすぎると、ヤンキー兄さんみたいに「ちげぇ～よ～」になって、これもめちゃかわいい。

「お風呂に入るよ～」と言ったら絶対来ないので、私が先に入って、ボディソープの泡で、鏡や壁をもこもこにしておいて、「消防士さん、お願いします！」と呼ぶと、タッタと走ってきて、シャワーできれいに流してくれる。仁王立ちになって、両手でシャワーヘッドを掲げる姿は、まさに消防士そのもの。その間に、さっさとシャンプーしちゃう。

お風呂へ誘い込むのはうまくいっているけど、お風呂上がりのおむつはなかなかさせてくれないので、夕べは、ソファにしっかり水たまりを作ってしまった。我が家は大人が4人いて手が足りているので、ここで叫ばないで済むけど、ワンオペだったら、きっと「何なのぉ〜」って叫んでるだろうなぁ。「イヤ」も「ちげぇ〜よ〜」もかわいいなんて言っていられないに違いない。

親たちがイヤイヤ期を楽しむ余裕は、どれだけ手が足りているかと、イヤイヤ期を「誰でも通る当然の道」としておおらかに笑い飛ばしてくれる祖父母がいること。

2歳児のイヤイヤには、そう全部「わかるよ」とも言っていられない。特に日常生活を回している親には。

でもね、親がいたずらだと決めつけて叱る「地球実験」を、たまには、祖父母はやらせてほしい。この星に降り立って、わずか2年。彼らは、この星がどういう星か確かめるために、実験を重ねているのである。すべての実験が叱責で封じられてしまったら、脳が好奇心に駆られて走り出すより、あきらめるほうが簡単だと思ってしまう可能性がある。

昨夜、孫は、フォローアップ・ミルクの瓶に手を突っ込んで、ミルクの粉をがしがしと握った。私は、彼にウィンクをして、「たしかにそれ、やってみたくなるよね」と言ったら、満面の笑顔を浮かべたあと、恍惚となりながら手触りを楽しんでいた。ミルクは無駄になっちゃったけど、彼の脳に、感性情報を一つ送り込めたなぁとしみじみする私。けれど、その後、そのミルクを布団の上にばらまきそうになったときは、手を握って「ダメーっ」って叫んだけどね。こっちにだって、さすがに限界はある。

なぜなぜ期は「問いを立てる力」の芽が出るとき

AI時代を生きる人類に最も必要なのは、「問いを立てる力」だと言われている。

AIはなんにでも答えられるから、つまらない質問にはつまらない答えを返してくる。通りいっぺんの優等生の質問には、通りいっぺんの優等生の答えが返ってくる。

そんな情報、もらってどうするの？って話。

ＡＩはたしかに、思いもよらないアイデアをくれるけど、その人にしかできない質問をしない限り、その人にしか見つけられない答えをくれないのである。

というわけで、生成ＡＩがビジネス利用されるようになった今、生成ＡＩを使う人たちの「問いを立てる力」が問われている。これを受けて、日本の教育に「問いを立てる力」が足りないと指摘する人も増えてきた。

私も、問いを立てる力は、ＡＩ時代を飛び越えていく翼だと思っている。好奇心＋発想力＋対話力＝問いを立てる力。つまり、脳の感性の総合力だもの。ただし、問いを立てる力は、学校教育で手にするものじゃない。家族との会話で育むものだと、私は考えている。

問いを立てる力の萌芽は、幼子の「なぜ？」にある。2歳のイヤイヤ期を過ぎてしばらくすると、子どもたちは「なぜ？」「なぜ？」と質問を繰り出すようになる。そのピークは4歳ごろ。「なぜ、空は青いの？」「なぜ、ポストは赤いの？」「なぜ、嘘はついちゃいけないの？」「なぜ、ママのおなかは出てるの？」——見たもの思いついたこと、なんでも聞いてくる。

質問の回答に、さらに質問を返してくるのも、なぜなぜ期のすごいところ。「なぜ、パパのハンバーグは2個なのに、ぼくのは1個なの？」「あなたが小さいからよ」「なぜ、小さいと1個なの？」「小さいと食べられないからよ」「なぜ小さいと食べられないの？」……これじゃ、親がイラつかないわけがない。

でもね、ここで、しっかり対応することが大事なのである。頭にふと浮かんだ無邪気な質問を、嘲笑されたり叱られたりすると、子どもなりに口をつぐむようになる。やがて、あんなにほとばしっていた「なぜ？」が浮かばなくなる。親にしてみれば、聞き分けが良くなって楽になるかもしれないけれど、こんなに早く好奇心の芽を摘んでおいて、のちに「問いを立てる力」が足りないなんて言われても、そりゃ、かわいそうすぎるのでは？

何度も言うけど、親は子にイラつくもの……だから、親はつい子どもの無邪気な質問を粗雑に扱ったりしがちだけど、祖父母はその傍らでおおらかに受け止めればいい。

もしもその場で口を挟むと険悪になりそうだったら、優しくアイコンタクトだけしてあとで答えてあげよう。たまにしか会えなくても「おばあちゃん（おじいちゃん）なら必ず受け止めてくれる」と信じていれば親の対応がどうであれ孫の脳に「問いを立てる力」を残すことができる。

幼子の質問を祝福しよう

幼子の質問は、どんなにくだらないことでも、まずは喜んであげよう。問いを立てたことを祝福するのである。「いいところに気がついたね」「うわ、それおばあちゃんも気になってたの」「そうきたか」

そして、答えられないときは、「あなたはどう思う？」と聞いてみるのも手。これが、なかなか素敵なことばに出逢えたりするのだ。

我が家の息子はあるとき、「虹はなぜ七色なの？」と聞いてきた。私は物理学科出身なので答えは知っているものの、光の屈折率を知らない相手にどう答えたらいいかわからない。そこで「あなたはどう思う？」と尋ねたのである。すると息子が「おいらはねぇ、神様に7つのものの見方があるからだと思う」と答えたのである。

私は、あまりに美しいこの回答に、ことばを失った。実は、脳には、認識に使う超短期記憶領域があって、大多数の人が7つ持つとされている。このため人類は、世の中の事象をとっさに7つに分解するのが得意なのである。虹を作り出す光のプリズムは連続した値なので、7色に分けるのは脳の仕事。つまり、脳の中に、7つのものの見方があるから、虹は7色なのである。彼の言ったことは、ある意味真理を突いていて、脳の研究をしている母親をうならせた。

「どう思う？」と聞いて「わかんない」と言われたら、「おじいちゃんもわからないんだ。将来わかったら、教えてくれる？」と返しておけばいい。我が家の息子は、大学生になってから、「ハハがわかったら教えてねって言ってたあれだけど」と、幼いときのこの約束を果たしてくれたっけ。孫のこれを聞くには、長生きしなきゃね。

玄関、開けたら、2分でダメ出し？

続いて、心理的安全性を確保する対話術その2、「相手に話しかけるとき、いきなりダメ出しから始めない」について。

玄関――実は、要注意ポイントなのである。玄関を入るとき、あるいは玄関から入ってきた子どもを見たとき、私たちはついダメ出しをしがちだから。久しぶりに帰省した娘や息子に、いきなり「太った？」とか「なに、そのシャツ」とか「明るいうちにくればいいのに」とか言ってない？　これ愛するあまり、心配事から入っちゃうんだけど、言われたほうは気が滅入る。

外出から帰って、玄関の扉を開くとき、ヒトは、究極のあら捜しモードになっている。自分のなわばりに足を踏み入れるとき、危険なものに気づく必要があるからだ。大昔、洞窟に帰ってきた古代人は、蛇やムカデが潜んでいないか探ったはず。その生存本能は、現代人にだって当然、受け継がれている。このため、つい「ダメなところ」「やってないこと」に気がついて、それを口にしてしまうのである。
たとえば、仕事から家に帰ってきたら、階段の電気も、廊下の電気も、バスルームの電気も点けっぱなし……なんてとき。つい「電気点けっぱなし！」って言ってしまいたくなる。なんなら、「電気代、誰が稼いでると思ってるんだ？」もね。

でもね、家にいて用事をしているほうは、洗濯もし、掃除もし、ご飯を炊き、お風呂掃除もしていたりするのである。10のうち8やってるのに、そのことには一言も触れず、たまさかこぼれ落ちた2のうちの1を、鬼の首を取ったように言ってこられると、脳にとっては、「一生懸命やった8」を全否定されたのと同じことになる。結果、傷つき、絶望する——大げさ？　とんでもない。ねぎらいも感謝も共感も笑顔もない夫のせいで、病気になる妻もいるのである。夫の帰宅時間が近づくと、動悸がする、頭痛がするなどの症状が現れ、不眠症になったりもする。「夫源病」と呼ばれている。共感がうまくできないアスペルガー症候群の夫を持つ妻たちの中には、夫源病とよく似たカサンドラ症候群と呼ばれる症状を呈する人もいる。

いきなりのダメ出しは、自己肯定感を奪う

脳は、自分の脳の出力に対し、外界からフィードバックがあることで、自分の存在をつかんでいる。たとえば、椅子に座ったとき、椅子から返ってくる反力で、自分がどれくらいの重さと重心で、今ここに存在しているか知るわけ。椅子や床から返ってくる反力がなくなったことが想像できるなら、自分がここにいるかどうか不確かになるのがわかると思う。

日常の作業だって同じこと。家事のような〝消えもの〟の作業は、脳が使った神経信号の数に見合った成果を確認しにくい。誰にも評価されず、ダメ出しだけをされていたら、自分の存在価値、いや価値どころか存在自体がつかめなくなってくるのである。つまり自己肯定感が地に落ちるわけ。

自己肯定感が低くなると、自律神経が乱れて免疫力が下がり、好奇心や集中力が落ちてくる。やる気も続かない。イライラする、もやもやする。

自己肯定感が低いと、「自分がここにいる理由」がわからなくなる。そのため、社

員の自己肯定感が低い職場は、離職率が高くなる。自己肯定感の低い家庭も、危ないのである。

というわけで、玄関の扉を開けたとき、「脳裏に浮かぶダメ出しのことば」を第一声で口にするのはやめよう。

ダメ出しは、すべてねぎらいに変えられる。「階段の電気、点けっぱなし！」は「階段の電気、消しといたよ。今日も大変だったみたいだね」と言えばいい。頭の中で「きみともあろう人が階段の電気を点けっぱなしにするなんて」という変換をするのである。

この際、「きみ」の能力は勘案しなくていい。ただただ機械的にこの構文に入れるだけ。嘘つき？　いえいえ、こちらから見たら怠慢でも、向こうには向こうの理由がある。この言いぶり、相手の脳にしてみれば真実なのである。だから、この言い方だけが、家族を反省させることができるのだ。

もちろん、ダメ出しはしていい。ただ、最初の第一声は、避けなければならない。

子どもたちに、ねぎらいを

さて、ここまでは、家事の担い手を例にとって話をしたけれど、子どもだって同じだ。

大人は、子ども部屋の扉を開けた瞬間、「宿題やったの？　え、作文、まだ書けてないわけ!?」なんて、ダメ出しをする。当然、責任のある、愛する子どもたちに何か危険な兆候がないか確認するため、強いあら捜しモードになっているからだ。

算数の宿題は終えているのに、作文が終わっていないと叱られる。靴はちゃんと揃えておいたのに、ランドセルをかけていないと叱られる。全部やっても、早くお風呂に入りなさい、と指示が飛ぶ。子育てなんて、いくら時間があっても足りないから、親はダメ出しを次から次へと繰り出すことで、合理的に進めているのである。私たちの世代が、孫の親たちにやってきたことでもある。

一方、子どもたちの気持ちは、やっていることを否定され、自己肯定感を下げていく。悲しいことに、優等生ほど絶望が強い。10のうち9やっている子は、親との会話が「できてない１」の否定から入ると、９を否定されたことになるから。

ここに、「ちびまる子ちゃん」ちみたいな祖父母がいて、「あんたはよくやってるよ」「○○も△△もやってるよね」って声をかけてくれたら、子どもたちは自己肯定感を失うことがない。親たちには、ねぎらっている暇がないから、祖父母が補えばいい。

そして、私たちは、孫の親たち（自分の子どもや、その連れ合い）にも、それをしてあげない？　30代も40代も、ＡＩ時代を生き抜く世代である。孫の親たちだって、想像力を羽ばたかせる必要がある。

「どうして」を「どうしたの？」に換える

「どうして宿題しないんだ？」「どうしてもっと早く、準備しなかったの？」――思い通りに動かなかった子どもをいさめるとき、親はよく「どうして」を使う。私は、「どうして」の代わりに「どうしたの？」を使うことをお勧めしたい。「宿題してないなんて、どうしたの？　大丈夫？」のように。

あなたともあろう人が、宿題しないなんて、どうしたの？　大丈夫？

「どうして」は叱責だけど、「どうしたの？」は信頼と心配を相手に伝える。言うたびに、相手とのきずなが深まることばだ。

私は、息子によくこのことばを使った。「算数の宿題してないの？　どうしたの？」

まぁ毎日やっていないので、どうしたの？　ってこともないけれど、私は、必ず、このことばを使った。息子のほうはのほほんとしたもので、「なんだか、忘れちゃうんだよぉ」なんて言うので、「あらまぁ、また忘れちゃうといけないから、今やって」「うん」なんて展開に。お互いイラつくこともない。もちろん、孫にも、このセリフを使うつもり。

そもそも、「どうして、やってないの？」と言われても、子どもたちには答えようもない。「どうして」は意図を問いただす質問だからだ。意図的にしたことじゃないから、答えられない。一方、「どうしたの？」は状況を尋ねる質問だから、素直にことばが出る。

答えられない質問をぶつけて、自分のイライラを相手に投げつけて、向こうもイライラするだけ。「どうしてしないの？」は、ボキャブラリーから消したほうがいい。

家族は甘やかすもの、家は散らかっているもの

ここまでに述べた心理的安全性を確保する対話術を遂行すると、子どもを躾けるために叱る、というシーンがなくなる。別に甘やかすわけじゃないけれど、自然となくなるのである。とはいえ、それを遂行する側には、最初は根気が要る。そのうち自然に口をついて出るようになるのだが、それまでは「家族は甘やかすもの、家は散らかっているもの。若い家族に、21世紀を生き抜く翼をあげるために」――そう頭の中で唱えると、けっこう楽になる。

我が家の夫は、どんなに説得しても、子どもは躾けるものだと信じている。

今朝も、ベビーシッターさんのところへ持っていくお弁当に、彼のお気に入りのお

もちゃ（たまごボーロが8粒ほど入る埋め込みケース付き）にお菓子を入れて持たしてやろうとしたら、「おもちゃの持ち込みはダメ。先方のおもちゃと混じって、ご迷惑をおかけするから」と言う。「シッターさんのところは保育園と違って、この子一人で預かってもらうところだし、これはお弁当の容器のようなもの。そこまで目くじら立てなくてもよくない？」と言ったら、「けじめ！」だそうだ。

もちろん夫の言うことにも一理ある。けれど「ご迷惑をおかけするから」という物言いを孫に聞かせたくなかった。

我が家の2歳児は、月曜から土曜まで保育園フルタイムに加えて、日曜日もベビーシッターさんのところへ預けられる。そのこと自体をかわいそうだと思ったことはない。彼自身、シッターさんたちをうんと気に入っているし、「何日かに一回の特別な遊び場」として、全身全霊で遊び尽くしてくる。帰宅時の輝く瞳で、そのことがよくわかる。

彼の親たちも、休日は、それぞれ自分の時間を堪能し、充実した顔で帰ってくる。本日、孫の父親（息子）は、日光足尾に所有している山の畑を整備しに出かけ、母親

（およめちゃん）もどこかへ。私も、たいていの休日は仕事をしている。孫は、大人たちそれぞれのペースがある家に生まれ、週7日出勤のベビーライフを満喫して、すくすく育っているのである。

そんな彼のアウト・ホーム・ライフで、私が気を配っていることは、ただ一つ。彼が肩身の狭い思いをしないこと。彼の一日が、無邪気な時間で満たされていること。どこであれ、彼がいるその場所が「彼のために用意された舞台」だと彼自身が感じること。彼は思いついたように振る舞っていい。それが困るのなら、大人のほうでうまく誘導すればいい。保育園にはそのプロのテクニックがある。

おかげさまで、孫を預かってくれているシッターさんたちは「もう一組のおじいちゃん、おばあちゃん」のように温かく孫を預かってくれている。孫は〝もう一人のおじいちゃん〟の膝にちょこんと座り、やりたい放題だ。

問題は家の中にある。「他人様に迷惑をかけないように」「遅刻したらダメなんだよ」「大きな声は出さないで」――そんなふうに大人たちがイラつきながら、シッターさんのおうちに送り込まれたら、彼の無邪気時間は寸断される。家族の緊張が、子どもを緊張させる。そんな肩身の狭さでは、週7日出勤は、脳のストレスになる。だから、私は、家族のことばづかいに、鈍感ではいられない。

保育園に遅刻しそうなときも、私は「遅刻したら叱られる」「遅刻したらだらしないと思われる」というていのせかし方は決してしない。そんなこと、30年前の、彼の父親を育てるときからしたことはない。すべては、彼のためにことばを紡ぐ。「遅刻したら、公園ツアーに連れてってもらえない。きみのために急ごうね」のように。

「叱る」のではなく、「問いかける」、「誘う」

とはいえ、夫も最近は、なんでも「いや！」という2歳児の扱い方に長けてきた。毎日の送り迎えは基本夫の役目なのだが、孫は毎朝、お気に入りのミニカーを握って自転車に乗ろうとする。最初は、なんとしてでも置いていかせようとした夫だったが、10分以上も格闘し、大泣きさせて自転車を走らせることになるので、とうとう折れた。そのまま持たせて、保育園に入るときに「おともだちに取られちゃうけど、いいの？」と問いかけると、ぱっと手渡してくれるのだそう。おもちゃの争奪戦で、よく名誉の負傷をしてくる孫は、この先何が起こるか即座に想像できるのだろう（笑）。

実は、我が家のおよめちゃんが、こういう対応、とってもうまいのである。真正面からぶつからず、幼子の目線でものを言い、解決してしまう。私の夫も、彼女に学んでいる（私の説得には応じないけど）。たとえば「帽子をかぶらない」問題も、彼女ならすんなり解決してしまう。彼女が嬉しそうに帽子をかぶって、彼女の夫にもそうさせて、保育園児の「みんなと一緒」本能をうまく刺激して、誘うのである。

よその子と比べない、世間体を言わない

およめちゃんが、幼子に「〇〇しなさい」と怒鳴っている姿は見たことがない。イラついて、ほかの家族に当たったり、その場を放棄することはあるけど（微笑）。けれど、これが正解である。こういうことができるために、私たち家族がいる。私は、イラつく彼女に同情し、彼女がうんざりして脱力し始めたら孫を受け取る。

子どもは言うことを聞かない。それが仕事だからだ。脳は、この星に降り立って、この星のありようを知ろうとしている。目についたものに触り、やりたいと感じたことをやってみる。「やるな」と言われれば、当然やる。何が起こるか知りたいからだ。それは、脳の構造から言えば28歳まで続くのである。

その子どもを、一度の失敗もなく正しく導こうとして、親は焦る。それが親の本能だからね。かくして、子育て中の親にイライラはつきもの。要は、そのイライラをどう処理するかだ。

ワンオペ育児のママたちが、その場から逃げ出せないことに、心から同情する。彼女たちに必要なのは、イライラを〝放電〟させてくれる相手。そして、自分を取り戻す、ひとりの時間をもらうこと。

そんなワンオペ育児のママ以上に、よその子と比べたり、世間体を口にする親（子どもの祖父母）を持つママには、もっと同情する。イライラをさらに加速させられるってことだから。最近は若々しい60代70代も増えている。〝若々しい〟ついでに「親のような気持ち」で孫を抱く祖父母もいるように見える。

他人の子や世間と比べて劣っていることを心配する、親の躾に意見する、親以上に世間体を気にする――これらは、いまだなお「親」のステージにいる祖父母たちの言動である。「世間体を気にして躾をする」のは元来、親の役目で、しかも、21世紀には、やや控えめにしていくべきこと。祖父母の役割は、親をリラックスさせて、ブレーキをかける役どころなのに。

よその子と比べるのは、孫を褒めるときのみ。「保育園で一番イケメンだよね～」とか「こんないたずら、ほかの子には考えつかないのでは？」とかね。親がよその子と比べて、孫のできないことを心配しても、それに乗っからないことだ。

ことばの発達が遅い？

そういえば、母親たちは、ことばの発達を気にするよね。我が家のおよめちゃんも、孫が1歳半くらいのころ、「友だちの子は、この子より1か月小さいのに、もう2語文しゃべるんだよ。ことばが遅くない？」と、かなり悩んでいた。

ことばの発話には個人差がある。2歳を過ぎてもことばを発しない場合で、話しかけてもまったく反応しない（遊びに夢中な時には誰だって反応しない。それ以外のいつでもってこと）、大人と目を合わさない、手をつなぐのを異様に嫌がるなどのコミュニケーションに問題がある場合は、発達障害などの対応策が必要になるけれど、「あやせば笑う」「抱けば落ち着く」などのコミュニケーションが成立しているのならば、ほかのお子さんと比べて語彙力の少なさに胸を痛めるのは早計だと思う。

「ことばの発達が遅い？」と感じたら、祖父母が心がけるべきは、スキンシップを伴うコミュニケーションだ。絵本は、そのいいツールになる。遠く離れていて、自らそれができなかったら、ぜひ一緒に暮らす人たちに助言してあげてほしい。

ことばの始まり

そもそも、ことばの存在に、赤ちゃんはどうやって気づくのだろうか。

水の音や風の音は、音節に区切ったりしないのに。

実は、「目の前の人の筋肉運動」を脳に映し取ることによって、ことばの単位を身に着けるのである。つまり、音声を分解する能力は、音から始まるのじゃない。「発音体感」の受け渡しによって、行われるのである。

これを可能にしているのが、ミラーニューロンだ。ミラーニューロンは、第2章のスマホ授乳のところでも述べたけれど、目の前の人の表情や所作を、そのまま神経系にまるっと移し取っていく脳細胞。赤ちゃんは、目の前の人の口角周辺の筋肉の動きや、横隔膜の動き、息の流れ具合をミラーニューロンで受け止めて神経系に伝達することでことばを獲得していく。

ことばの獲得を早めたかったら、ミラーニューロンを刺激してやればいい。ミラーニューロンを活性化するには、抱き上げて、笑いかけたり、話しかけたり、歌ったりして、大人の全身の動きを、子どもの五感に訴えかけること。私たちの世代にとっては、とてもとても、普通のことだ。

ただ、今、親たちがスマホの画面をのぞいている時間がけっこう長くて、核家族だと、昔みたいに、手が空いた家族が、かわるがわる赤ちゃんをからかっているような家庭は少なくなっている。

絵本の魔法

ことばとコミュニケーションは、人生の基盤となる大事な大事な能力である。この発達をおおいに促すのにお勧めなのが絵本。ぜひ、絵本を読んであげてほしい。

ミラーニューロンを刺激するのは、「ふわふわ」「ぎゅっ」「ぱちん」のような擬音語・擬態語や「いないいないない」「バイバイ」「わんわん」のような繰り返しことばが印象的な、語感を楽しめる絵本。それを、親子で繰り返し発音して遊ぶのが最高の英才教育になる。心配しなくても世の中の「0～2歳向け」の絵本は、ほぼ、そういう構成になっている。

我が家の2歳男児は、今、はたらく車のイラストに、ドドド、グイーン、ザクザクなんていう擬態語が添えられた絵本に夢中。絵本から離れて、はたらく車のミニカーを手にして、その擬態語を繰り返すのも楽しいらしい。そして、絵本にないミニカーを手にしたときは、擬態語を自作するのだが、これが秀逸。先のとがったコンクリート破砕機のアームを布団に突き刺しながら、スンスンと言うのだけど、いやまさに布団に刺さる手触りは、スンスンっていう感じなのだもの。体感を擬態語に変える能力、高し。私の会社は、ネーミング（商品やブランドの名づけ）のコンサルティングをする会社なので、語感のセンスはめちゃくちゃ大事。彼の才能はかなり嬉しい。きっと絵本効果です。

というわけで、ことばの発達が気になったら、「この子どうなの？」なんて親を問いたださないで、絵本をたくさん読んであげよう。そばにいなかったら、絵本を送ってあげよう。

絵本は、ことばの発達を促すとともに、子どもたちを本好きに誘う魔法でもある。

そして、読書は、子どもの脳育ての最重要アイテムと言っても過言ではない。

家の中を心理的安全性で満たすと、子どもたちの感性は、繭で守られることになる。けれど、いったん外に出れば、心ない人たちの悪意に触れる。その落差に打ち勝つためには、悪意に触れる経験が必要だ。それを補ってくれるのが、読書なのである。

私はよく「そんなに子どもを甘やかして、社会に出てから苦労するわよ」と指摘された。たしかに、世間はイラついているし、悪意もある。だから、読書は欠かせなかったのである。

読書と脳の深い関係

脳は、夜眠っている間に、昼間の体験を何度も再生して咀嚼し、知恵やセンスに換えている。「脳内で再生して取り込む」以上、実は実体験だけじゃなく、心動かされた読書体験もちゃんと知恵やセンスに換えている。

特に、夜の脳神経ネットワーク生成が劇的に増える9歳から11歳の3年間（9歳の誕生日から12歳の誕生日まで）は、読書体験が実体験のようにリアルに脳に染み込むとき。この時期、私は、ファンタジーを推奨している。ファンタジーは、おしなべて「未熟な主人公が容赦なく冒険の旅に駆り出されて、過酷な運命に立ち向かい、世間の悪意に触れ、裏切られ、身体も心も傷ついて、それでも信じることを貫き、腹落ちする人生を手に入れる」ように作られているからだ。

なにも、家の中で、親が理不尽に叱りつけなくても、本の主人公たちが、代わりに過酷な目に遭ってくれる。自分に起こったことが些細に思えるような。人生の過酷さを乗り越えるセンスを身につけられる上に、過酷に感じられることが軽減される。だから、人は、本を人生のお供にするべきなのである。

『ハリー・ポッター』『バーティミアス』『ライオンと魔女』『十二国記』、これらは我が家のお気に入り。ほかにもファンタジーの名作は山ほどある。この際、祖父母も一緒にぜひ楽しんでみてほしい。

ファンタジーが苦手なら、歴史ものでもミステリーでもいい。日常を描いた児童小説でも。ドラマの中では、いずれの主人公も、大なり小なり過酷な目に遭っているもの。そうじゃなければ物語にならないもの。

本好きへの道

9歳からの読書は不可欠……とはいえ、9歳から急に本好きになることは難しい。読書は案外、複雑な動作だから。ページを繰りながら、目は文字を追い、ページ全体の語の配置もパターン認識している。幼いうちから、ページを繰くる癖をつけておかないと、けっこう億劫なのだ。というわけで、読書の準備運動としても、絵本は重要なわけ。

加えて私は、子どもの生活空間に本棚があることを、熱烈推奨している。第3章の知育玩具のところでも述べたけど、脳の感性領域は、与えられることより、出逢うことのほうが圧倒的に効果がある。子どもたちには、ぜひ本に出逢ってほしい。本棚の本と目が合ってほしい。

私は、小さいころから自室より先に本棚を与えられていて、まだ読めない少年少女文学全集が並んでいた。長じるにつれ、それが読めるようになったときの高揚感は、今でも忘れられない。父や母の本棚に並ぶ大人の本にも憧れたものだ。

そして、両親は、寸暇を惜しんで、本当に楽しそうに本を読んでいた。本はごく自然に暮らしの中にあって、楽しむもの。その刷り込みは大きかったと思う。

私は、孫のためにリビングにも本棚を置いた。絵本は取りやすいところに並んでいるけど、彼の目に触れるところに、ファンタジーとアガサ・クリスティのミステリーが並んでいる。彼にいつか出逢ってほしいから。

で、この章を書き始めてはたと気づいたのだ。最近、携帯端末で何もかもすましていて、紙の本を孫の前で読んだことがないことに。「大人が夢中になって読書する姿」もまた、子どもの本好きを加速させる。

ＰＴＡの講演で、「うちの子、全然本を読まないんです」という保護者の方に「お母さんも、お読みにならないですよね」と尋ねると、１００％イエスと答える。昔は少数派だったけど、今やほとんどの親が読書なんてしない。スマホは延々と使っているけどね。ここは、祖父母が踏ん張らないと。

なぜ読書が一番なのか

さて、読書の効用をお話しすると、必ず「映画やアニメやゲーム、漫画はどうなんですか?」と聞かれる。これらのエンターテインメントにも、過酷な運命に立ち向かう経験が詰まっている。だから、もちろん効果はある。チャンスがあれば、映画館の大スクリーンでいい映画も見せてやりたい。

ただし、これらの媒体と読書には、一つ大きな違いがあるのだ。本の主人公には顔がない。顔がないから、より主観的になれる。自分のこととして体験できるのである。

映画の『ハリー・ポッター』を観れば、想像を超える映像と音を体験できて、脳にも刺激的だ。けれど、映画の中のダニエル・ラドクリフ演じるハリー・ポッターの体験をわきで眺めていることになる。本だと主人公の顔がないので、自己投影しやすい。物語の中に登場する「みぞの鏡」に映る、理想の姿も、自分のそれで想像することになる。だから、読書は格別なのだ。映画もアニメもゲームもマンガも否定しないし、私は息子にたっぷり与えてきたし、孫にもそうすることになると思うけれど、基本は読書である。

タブレット読書はだめ？

それともう一つ、タブレットで読書することの是非について。

「画面をスクロールさせて、流れていく文字を追う」のと「ページをめくり、ページ全体の構造を把握しながら、併せて文字を追う」のとでは、使っている脳の回路が少し違う。前者は文脈を理解する能力に集約されるが、後者は、それに加えて、世界観をリアルに構築する能力も活性化している。

ページを送りつつ、ページ全体の構造（語の配置）を無意識にパターン認識しつつ、文字を追う――この作業には、小脳が使われる。小脳は、空間認知と身体制御を司る器官で、直感を作り出すところでもある。つまり、描かれている世界観をリアルに想像しやすいし、登場人物の動きも想像しやすい。さらに、勘も働きやすい。

大人になれば、文脈理解からでも十分にリアルを作り出せるけれど、子どもの脳ではまだまだ経験知が少ないので、そんなわけにはいかない。大人たちのタブレット読書を止める気はないけれど、子どもたちにはやはり、まずは紙の本で、物語の世界に誘われてほしいと、私は思う。

孫が「学校に行かない」と言い出したら

ある日、孫が「学校に行かない」と言い始めたら、祖父母の立場としては、「あわてない、さわがない」が原則。

学校に行きたくない原因は様々なので、それによって対処法は違うけれど、けっして欠かしてはならないことは、「行きたくない気持ち」を受け止めることだ。

優等生だった方には思いもよらないかもしれないけれど、学校なんて、時々行きたくなくなるもの。そして、「学校は行かなくてはならないもの」じゃなく、本来「子どもたちのために用意された、未来を拓く魔法の扉」である。

この2つを、祖父母世代は腹に落としたほうがいい。孫が「学校に行きたくない」と言ったとき、「学校には行かなきゃだめよ」と騒ぐのはNG。登校につまずいた子にとって、逃れられない責務として、かれこれ10年以上も学校に通うなんて、そりゃ過酷すぎるよ。「これは権利で、たまには放棄していい」、そう思いつつも、なんとなく毎日通って卒業式……というのが気が楽なのではないかしら。祖父母は、そんなふうに振る舞ったらいい。

私は、息子のそれには、前にも書いたけど「わかるわぁ。こんな日には、私だって会社に行きたくないもの」と同情し、「学校は別に行かなくちゃならないものじゃない。知らないことに出逢うために、行っていいところなんだよ。遊び場と一緒。追い詰められなくていい」と言っていた。

親がこのぬるさなので、当然、ときには学校を休むことになり、中学3年のときは、部活で脱水症になり入院した期間も含めて50日ほど休んでいた。先日、私がパーソナリティを務めるラジオで、不登校の定義は「休みが年間30日を超えること」という情報をもらい、「うちの子、不登校だったんだ」と、あらためて気づいたという体たらく（苦笑）。まぁ、それでも普通に大学に行って、けっこういい大人になった。

なにせ、うちの息子は、幼いころから、何をするにも超スロースターター。行動を起こす前に「寝てるんじゃやない？」と思うくらいぽーっとする分、観察力が鋭くて、しかも動き出したら、どこまでも止まらないタフなタイプだった。あまりにも、他の子とペースが違うので、学校は、彼にとっては、かなり目まぐるしいところだろうなぁと思っていたから、たまに休んでぽーっとすることも良しとしたのである。

発達障害やいじめなど、深刻な問題をはらむケースは、子どもの気持ちを受け止めつつ、専門家の力も借りて対策を練ってほしい。今は昔に比べて、学校へ行けない子どもたちの居場所が増えている。フリースクールもあるし、学歴関係なくネットで仕事を得て活躍するケースもあって、先の光は必ずある。この辺りは親たちが判断して対処していくだろうけど、祖父母世代も、「学校に行けない」だけで絶望する時代でないことを、ぜひ覚えておいてほしい。孫の親たちから、孫の不登校を告げられたとき、絶望する人ではなく、おおらかな支援者でいてほしいから。祖父母の役割は、追い詰められた孫やその親たちに、「絶望しなくていい」を言う立場にある。学校はあらゆるチャンスを手に入れることができる場所だけど、絶望するほど絶対じゃない。

「逃げる」脳には、自己肯定感が足りない

不登校になるきっかけはきっと千差万別なのだろうけど、脳の根本原因は意外にシンプルだ。不登校に限らず、多くの「逃げる」人たちの脳では、自己肯定感が枯渇しているのである。

自己肯定感――昨今、よく使われる単語だ。数年前から、学習指導要領の中にも、この文言が登場しているという。私たちの世代には、自尊心ということばのほうが馴染みがいいかもしれない。意味的には、ほぼ一緒だ。「自分自身を信じる気持ち」、あるいは「自分はここにいる価値があるという確信」である。

ただ自尊心ということばは、昭和の終わりごろから、プライドというカタカナ語をはさんで、自己愛（自我の強さ）と区別がつかなくなっている。そのため、21世紀に

使われるようになったのが、自己肯定感ということばである。

自己肯定感とは、自分の脳に対する信頼

自己肯定感は、人に認められて高まるものだと思っている人は多い。仕事の成果や才能で認められ、あるいは容姿で褒められ周囲の大切にされたら、さぞかし自己肯定感も高まるだろう、と。――それが案外そうでもないのである。

脳を機能性分析していくと、客観性評価に関わるところには自己肯定感は見当たらない。他者に認められたり、褒められたりしたとき、たしかに脳には快楽性のホルモンが誘発されるが、それは一時的なもの。他人の評価が下がれば、容易に自分を肯定できなくなる。

自己肯定感とは、他人の評価とは無関係に、自らの脳に自噴してくるもの。脳がスムーズに動いているときに自覚する感覚である。

脳神経信号が起こるべきときに起きるべき場所で起きて、減速しない、減衰しない。そうすると、もくろみ通りに脳が動く。好奇心にあふれ、集中力があり、意欲が萎えない。そんな日々を重ねているうちに、脳が自覚するのが自己肯定感である。つまり、自己肯定感とは「自分の脳に対する信頼」なのだ。

自己肯定感は、生活習慣が作る

脳神経信号をスムーズにするコツは、実のところ、生活習慣しかない。早寝・早起き・朝ごはん・適度な運動。私が、「脳育ての黄金ルール」と呼んでいる生活習慣である。

脳には、脳神経信号を制御するホルモンが出ている。アクセル役のセロトニン、ドーパミン、ブレーキ役のメラトニン、ノルアドレナリンである。アクセルとブレーキをうまく利かすことによって脳は「脳神経信号が起こるべきときに起きるべき場所で起きて、減速しない、減衰しない」状態をキープしている。ブレーキ役がなぜ必要かって？　ブレーキ役のホルモンは、「無駄なところに電気信号が発散しないように」してくれているのである。

　セロトニンは、朝日が網膜に当たり、しっかりと朝ごはんを食べることで分泌する。メラトニンは網膜が暗さを感じたとき、ドーパミンとノルアドレナリンは身体を動かしたときに。

　つまり、いい生活習慣が、脳に自己肯定感を自噴させていることになる。自己肯定感は、ことばなんかじゃ作れない。もちろん、自己肯定感のある子を前に向かせてあげることばはたくさんあるけど、まずは、自己肯定感を自噴させてあげなきゃね。

　ただし、自己肯定感を削ぐことばはある。いじめで使われることばは、それの最たるものだ。「お前は、ここにいる価値がない」「お前は、ここにいてはいけない」、それを、手を替え品を替え、様々な言葉と態度で与えられ続けるのだから。自分の脳を疑い、脳のすべての出力に確信が持てない。こうなると、人は生きていることさえ罪のように思えてくる。まさに脳への拷問である。いじめほどでなくても、自己肯定感自体が低いと、学校はかなりいづらい場所になってしまう。

というわけで、不登校や引きこもりへの対処は２つ。孫の生活習慣を見直して、自己肯定感を自噴させてやるとともに、彼（彼女）の自己肯定感を削ぐことばから守ってやること。ここに、祖父母の役割は大きい。

早起きが自己肯定感を作る

黄金ルールのうち、自己肯定感の促進で言えば、何より大事なのが早起き。というのも、朝日が網膜に当たると、セロトニンの分泌が加速するからだ。セロトニンは、脳のメイン・アクセルにあたり、脳全体に信号がいきわたりやすくする脳内神経伝達物質である。セロトニンの分泌が加速すれば、脳は素早く活性化され、ご機嫌で一日が始められることになる。そして、その活性状態が、夜、メイン・ブレーキのメラトニンが分泌されるまで続くのである。

セロトニンが足りている脳は、やる気を失わない脳である。機能が滞りにくく、ストレスを感じにくいので、イライラしたり、キレたり、落ち込んだりせずに、やる気をキープできる。充足感を覚えやすく、やる気が萎えない。幸せな一日をもたらすセロトニン。別名「幸福ホルモン」と呼ばれるゆえんだ。

ちなみに、脳の鎮静をもたらし、眠りに誘うメラトニンは、セロトニンにミネラルの刺激が加わって変化することによって作られるもの。すなわち、上質の眠りも「早起き」が作っているのである。

朝日は特別

セロトニンの分泌は、日本の緯度だと9時台くらいまでの朝の光刺激によって加速する。朝日は、特別に緊張度の高い波動特性を持っていて、視神経を強く刺激するからだ。「ドップラー効果」である。覚えていますか？　音のドップラー効果は、日常、経験しているはず。救急車と車ですれ違うとき、近づいてくるときは「ピーポー」と高い音なのに、すれ違ったとたんに「へ〜ほ〜」とやる気のない音に変わるでしょう？　あの緊張度の違いが、光にも起こるのである。地球は東に向かって時速１５０

0㎞ほどで自転していて、朝日は東から差してくるから。そう考えると、朝日を一秒たりとも無駄にできないはず。ちなみに、早起きは、熟年世代の脳にも効く。孫の心配をするついでに、自らの早起きも、今一度肝に銘じてほしい。

理想は、6時前に起きること。5時台に起きても冬はまだ暗いけど、脳は、「年がら年中、同じ時間に寝て起きること」で、睡眠の質が上がると言われているので、私は冬もそうしている。

おばあちゃんの味噌汁が孫を救う

さて、せっかくセロトニンがアクセルを踏み込んでも、燃料不足じゃ、脳は動かない。車のアクセルを踏み込んでも、ガス欠じゃ動かないように、脳も動けないのである。

ということで、朝ごはんは、思いのほか大事。自律神経の専門家で順天堂大学教授の小林弘幸先生は、「朝ごはんを食べないと自律神経が整わない。起きてから1時間半以内に食べないと、朝ごはんとは言わない」ともおっしゃっている。自律神経は全身にいきわたる神経で体調を制御しており、脳の制御にも大きく関わっている。

朝ごはんで心がけたいのが、なんといっても、たんぱく質である。セロトニンをはじめとする脳内ホルモンの材料はトリプトファンと呼ばれるたんぱく質で、これは体内では作れない必須アミノ酸。卵など、様々な動物性食品に含まれているのだが、なんといっても、かつおやあご（トビウオ）、煮干しなどの動物性のだしの中に豊富に含まれていることは、日本人としては見逃せない。脳科学者の中には、だしをお茶代わりに飲むという人もいるくらい（ホルモンに使われるのは微量なので、そこまでしなくてもいいと思うけど）。

これに大豆発酵食品である味噌を加えた味噌汁は、朝ごはんのヒーローである。大豆も脳や身体のために不可欠のたんぱく質だし、セロトニンは腸で作られて脳に届けられるので、発酵食品による腸活も、脳にはとても大事だからだ。

前出の小林弘幸先生は、お味噌汁は自律神経にいいとして、お味噌汁の本を出すくらいに心酔していらっしゃる。私のラジオのゲストにいらしたとき、赤味噌と白味噌それぞれに栄養素の組成が違って甲乙つけがたいので、合わせ味噌にするのがおすすめと教えてくれた。我が家では、以前から、信州味噌の赤白合わせ。私の個人的な感覚にすぎないけど、赤と白の味噌を合わせるとき、同じ地方の組み合わせのほうが、二つの味噌の味が馴染んで一つになるような気がする。私が信州で生まれたからかもしれないけど、信州味噌の赤白合わせは、味のバランスが良くて絶品です（微笑）。

孫の両親が共働きで時間に余裕がなく、生活習慣が立て直せないときは、祖父母の出番である。朝からしっかりだしを取って、赤白合わせ味噌で、お味噌汁を作ってあげよう。離れて暮らしているのなら、手伝いに行ってあげてもいい。孫を預かってもいい。

卵は完全脳食

我が家は、朝食に卵を食べることも心がけている。なぜなら、卵は完全脳食、脳に必要な栄養素がすべて取り揃う唯一の食材だからだ。身体に合わないという事態でなければ、一日一個と言わず、複数お食べください。

特におすすめは、朝食と夜食。だしパックを煮立てて熱々のだしを作り、コップで混ぜた卵に注いで塩で調えれば、受験生の脳に効く「必勝脳活スープ」の出来上がり。受験生の孫のために、ぜひ作ってあげてください。

いじめなどの深刻な原因に心当たりがなく、なんとなく不登校になったというケースでは、規則正しい生活による自己肯定感の自噴が、その事態を救うことがけっこうある。早起きをして、ちゃんとした朝ご飯を食べる。それだけのことだけど、それが人間の基本なのだと思う。

幼児の生活習慣については、それほど神経質にならないでいい

ちなみに、ここで述べた生活習慣については、6歳以下の幼児に関しては、そんな

に神経質にならなくてもいい。子育てに関わる人は「早寝、早起き、朝ごはん、適度な運動」が大事だと身に染みると、赤ちゃんにこそそうすべきだと思って、神経質になることが多い。けど、赤ちゃんや幼児は、昼間こんこんと寝て、夜中に起きちゃったりするし、朝ごはんなんて、そうもりもりと食べないものだ。幼児相手に、黄金ルールにこだわると、大人が疲弊するので気をつけて。

6歳以下の脳は特別で（私は「神の脳」と呼んでいる）、自己制御がよく利いている。健康ならば、脳が自然に眠るべきときに寝て、起きるべきときに起き、起きれば活性化して、あらゆることに感応している。昼寝が長くて夜寝ない、という事態も、その日の脳が好んでしているのだから、そうカリカリしなくてもいいのではないかしら。適度な運動も、勝手にやってるしね。虐待などの異常事態でなければ、6歳以下の脳は自己肯定感の塊で、たいていのことにはめげないのである。

そんなわけで、そのうちことばが通じるようになったら言って聞かせてやればいい、くらいのおおらかな気持ちでそばにいてあげたらいい。

脳が自信を失うとき

脳は、自分の言動に対して、いきなりのダメ出しを食らい続けると、「自分の脳は、正しく動いている」という確信を失う。自分の脳に対する信頼を失うのである。

だから前述したように、家族にかける第一声を、ダメ出しにしてはいけないのである。彼らがやっていることの見えにくい成果を見つけて褒めてやろう。たとえ成果が出なくても努力していることを認めてねぎらってやろう。打ちひしがれているのなら、悲しみや悔しさに共感してやろう。ダメ出しは、必要なら、そのあとに。

不登校の子どもたちは、「脳が使った電気信号の分だけの、周囲の評価がない」という感覚を長く抱えていることがある。学校は、どうしたって、それを経験しやすい場所だ。授業や部活の指導では、どうしたって一人一人の子どもの気持ちをくんでやれないし、友人関係の中でヒエラルキーができてしまうと、上位の子が下位と見なした子に、頭ごなしの口を利く。たとえ外でそうなっても、家族の対話にねぎらいや評価があれば、人は「自分の脳は大丈夫」と思える。自己肯定感を失わないで済むのである。

　祖父母が元気に生きているのは、子どもたちにとって、本当に幸運なことだと思う。だって私たちは、目に入れても痛くないくらい孫を溺愛して、その存在を地球と同じくらい重く大きく感じているのだもの。それをそのまま表現してやればいい。

うなずいて、ただそばにいる

　学校に行かない理由を、子どもが語ってくれることもある。

　我が家の息子が中学1年のとき、いつもの「のほほん不登校」とは別の深刻な面持ちで「学校に行かない」と言い出した。私は気になって、仕事を休んで日がな一日過ごすことにした。お昼を一緒に食べていたら、息子が「学校に行きたくないのは、担任のO先生の顔を見たくないからなんだ」と言ったのである。「そうなんだ」とうなずいたら、彼が学校であったことを教えてくれた。

　彼のクラスには、なんらかの障害があるとおぼしき同級生がいて、かなり奔放な行動をする。授業中に奇声を上げたり、給食のシチューにネクタイを沈めて、それを振り回したり、友だちの上履きを3階の窓から投げ捨てたりする。息子は、小学校時代、支援学級の同級生の面倒をよく見ていて、その経験から「一貫して、ダメなものはダメだとちゃんと言ってやれば、きっとわかる」と確信していたのだそうだ。ところが、中学では、学科ごとに先生が替わり、それぞれの先生の対応がばらばらなので、息子が担任の先生にこう進言したのだと言う。「先生、学科の先生たちと相談して、彼の指導法を決めてください。ダメなものはダメとちゃんと言ってやったほうがいい」

ところが、担任のO先生は、「彼は、皆より幼いだけなんだよ。悪気がないんだから、クラスで優しく見守ってやろう」と答えたのだという。私でさえ、その回答に、逃げと偽善を感じた。そもそも息子は、その子のために進言したのであって、疎んじたわけじゃないのに。大人の何倍も鋭敏な思春期の脳が、それを見逃したわけがない。息子は、話の通じなさに絶望したのだと思う。

私は、転校もありだな、と思いつつ、O先生にメールを出した。息子が学校に行けなかった理由を淡々と書いただけだったが、O先生は、我が家まで息を切らして走っていらした。そして、「あの答えは、僕自身も、自分のことながら最低だと思った」と、息子に深々と頭を下げてくれたのである。「あの子が幼いだけじゃないことはわかってる。隣県からの越境入学で、親御さんと連絡が取れず、僕たち教師もどうしていいかわからないんだ。だからといって、きみたちに負担を丸投げにしたのは、本当に間違っていた」

息子は静かにこう言った。「僕は、別に、彼を負担になんか思ってないです。小学校の支援学級の子は、入学式のときは声を上げていたのに、卒業式では僕の隣で静かに座ってました。ダメはダメ、そう教えてあげれば絶対わかる。彼は、小学校でそれを教わらずに、中学校にやってきた。このまま中学を卒業させたら、かわいそうすぎます」

息子のここまでの誠意を、やむを得ない事情があったにしろ、学校は偽善で踏みにじった。O先生の誠実な対応がなかったら、私は、学校を許さなかっただろう。

学校に行かない――子どもたちは、なんらかの絶望を抱えて、その淵に立つことがある。気持ちを受け止めて、子どもたちの口からその理由を話してもらえたら、彼らを守ってやることもできる。そのためには、「学校に行かない」を穏やかに受け止めて、日がなそばにいてやらないと。それができるのは、現役世代の親たちよりも、祖父母のほうなのでは？

おじいちゃんの五百円玉

最後に、おじいちゃんにエールを。

私自身には祖父との思い出がないのだが、息子の祖父たちのおおらかさが、とても好きだった。

黒川の父は、美しい江戸弁の使い手で、幼子の困った行いを真正面から叱ることをしなかった。1歳の息子がつかまり立ちをして、皿のソースに手をついて、それを父の白いシャツに押し付けそうになったときも、その手首をすっと握って、「そんなことしたら、始末が悪くてしょうがねぇよ」と軽やかに言ってのけたっけ。

私の父はおおらかな信州人で、これまた、幼子に目くじら立てることなんてほとんどなかった。

黒川の父が亡くなったとき、父の机から引き出しいっぱいの五百円玉が出てきた。１００枚は超えていたと思う。「なぜ、五百円玉？」と家族が首をかしげていたら、息子が「あ」と声を上げた。

いわく、息子が小学生のころ、近所の公園で遊んでいて喉が渇くと、玄関わきの工房で仕事をしていたおじいちゃんのところに行って、「喉が渇いた」と訴えたのだそうだ。おじいちゃんは、そのたびに五百円玉を渡してくれたという。うちの隣に自動販売機があって、息子はそこで飲み物を買う。お釣りを持っていくと、父は「釣りはとっときな」と言ったそうだ。息子は、そのお釣りで漫画を買ったり、友だちと駄菓子屋に行ったりしたのだという。律儀な孫と鷹揚な祖父は、「はい、お釣り」「釣りはとっときな」を毎回繰り返していたのだとか。

親の知らないところで飲食することとか、お金の管理教育の問題だとか、躾に厳しい方なら、いろいろ突っ込みどころがあるかもしれない。けれど、私は、祖父と孫息子の、誰にも言わない男同士のやりとりを愛しく思った。息子は、時々の五百円を大切に使って貯金もしていたし、なにより年上の男性との付き合いが抜群にうまい。それが、今の彼のコンサルタントという仕事に大いに役に立っているから。

無口な父にとって、孫に五百円玉を渡すのは、うんと楽しみだったに違いない。「釣りはとっときな」と言ったときの弾けるような孫の笑顔もまた。五百円玉を、少しずつ溜めていった父の気持ちを考えると、今でも涙が出る。その鷹揚で静かな愛に、私は感謝してもしきれない。

父が亡くなったとき、孫息子は14歳。すでに、祖父の工房におねだりに行くこともなくなっていた。この五百円玉は一万円札に替えられて、その後何年間か、黒川の母が「おじいちゃんからのお年玉」と言って、渡してくれたっけ。

黒川の父は、腕のいい帽子職人で、工房で働く佇まいが美しかった。息子は、そんな父がとても自慢だったようだ。町で見かけたお巡りさんに、「その帽子、うちのおじいちゃんが作ったんだよ」と話しかけたりしていたもの。「おじいちゃんはカッコいい。僕も職人になる」と言って、照れ屋の父が絶句していたことも。

実家の父は、４輪駆動の車に乗って、野山に出かけていくのが好きな人だったので、息子はいろんなところに連れて行ってもらった。


父親とはまた違う、男同士の付き合いをしてくれる人。男の子にとって、祖父は「男性像の原点」になるのではないかしら。息子の傍に、父たちがいてくれて本当によかったと思う。もちろん、女の子にとっても、親とはまったく違うものの見方で、広い世界に誘ってくれる人に違いない。

おじいちゃんとうまく付き合うことで、日常の縛りから、ちょっと自由になれる。ママやおばあちゃんには怒られるけど、おじいちゃんは嬉しそうにウィンクしてくれる。そんなふうに幼子と付き合える人がいたら、孫の無邪気力は盤石だろうなぁと思う。

祖父の皆さま、どうか、おおらかでカッコいいおじいちゃんでいてください。

おわりに
～孫に心の翼をあげよう～

孫はかわいい。

そのかわいさは、子どものそれとは違う。

多くの人がそう言う。ご多聞に漏れず、私もそれを実感している。で、わかったのである。孫がかわいいのは、他人だからだ。不穏な言い方だけど、けっして悪い意味じゃない。

33年前、息子が生まれたとき、この小さな命との一体感が、それまでに経験したことのないレベルだった。まるで身体の一部なのである。生まれてくる日まで実際にそうだったのだから、ある意味当たり前なんだろうけれど。

ある日、身体のどこかが痒いのだけど、どこが痒いのかわからないという不思議な感覚に襲われた。ふと見ると、息子の太ももに、ぽつんと蚊に刺された跡があった。

試しにそこに優しく爪を当ててそっと押したら、なんと、正体不明の痒さが和らいだのである。赤ちゃんと母親の脳は、強く連携している。おそらく無意識のうちに目の端に入った虫刺され跡に、私の脳が反応しただけなんだろうけど、「自分の身体の一部のように認識する」、その度合いの強さに、自分でも驚いたのを覚えている。

尊いことだけど、一方で、だからイラつくのである。息子が、自分の思い通りにならないとき、まるで、自分の手足が思い通りに動かないようなもどかしさで、焦燥感に襲われる。子の父もまた、人生最大の責任を自覚して、子どもを正してやろうと躍起になりがちで、親というのは、子どもに入れ込みすぎる生き物なのだと思う。

孫は、最初から「ひとつの独立した人格」として、私たち祖父母の前に現れる。砂漠に不時着した飛行機乗りの目の前に現れた、星の王子さまのように。

かつて私は、角田忠信先生の研究室で、脳の実験に参加させていただいていた。角田先生は、1970年代に『日本人の脳』（大修館書店）という名著をお書きになって、一躍有名になった医学博士。2016年、89歳のときに、研究の集大成というかたちで『日本語人の脳』（言叢社）という本を出版なさっている。

余談だけど、「日本人」を「日本語人」に換えたのは、たぶん私の影響かと（微笑）。先生とディスカッションしているときに、「日本人じゃなくても、日本語で育てば、日本人の脳になる」というお話をお聞きして、「それならば、日本語を母語にして育った脳は〝日本語人の脳〟と呼ぶべきでは？」と提案したから。

さて、その角田先生が、ある日私に「ヒトの脳には、寿命とおぼしき固有振動数があって、どうも人間は、生まれてきたときから寿命を知っているらしい」とおっしゃった。

先生は、脳と耳の関係を追究することで、ヒトの脳が、ある特定の周波数に反応することを発見している。ヒトは、多くの音を通常、潜在意識の領域＝右脳で聞き流しているのだが、ある特定の周波数の音にだけ、左脳のある領域に信号が流れるのである。脳が反応する固有振動数はいくつかあるのだが、その中に寿命とおぼしき数値があるという仮説を聞かせてくださったのである。もちろん、その仮説が証明されるのは難しいだろう。角田先生が現役を離れた今、その測定ができる人もいない。

私は、仮設の根拠に深く納得し、こう申し上げた。「それでは先生、ヒトは、生まれてくる際に、この地球というアトラクションで何年遊ぶか決めて、この星にやってくるのですね。星の王子さまみたいに」

先生は微笑んで、その通りだね、とおっしゃった。私はその日から「自ら選んだ地球旅」を着々と遂行している感じがしている。今やここで起こるドラマも、自分で選んだように思える。クルージングの寄港地で参加するオプショナルツアーみたいに。

だったらなぜ、美人で才能のある人に生まれて、何の困難もなく成功し、素敵な人に出逢えて末永く幸せに暮らしましたとさ、というドラマを選ばなかったんだろう。

そう、自問したこともあったけど、考えてみれば、そんな退屈なドラマ、いったい誰が見るのだろう。たとえば、動画サイトのリストの中にあったとして。あるいは、そんな退屈なゲームだって、売れやしない。困難を乗り越えてこそのドラマ、ロマンス、スペクタクル……！　人間の脳には、確実にそういうセンスがある。人生の扉が開くとき、誰もがきっと、どきどきするようなスリル含みの地球旅を選んだに決まってる。

サン＝テグジュペリの『星の王子さま』では、遠い星からやってきた、無垢な心を持つ小さな男の子が、1年という期限付きの地球旅をしている。彼が、砂漠に不時着した飛行士の前にふいに現れ、いろんな体験談を話してくれるのだ。王子さまの話は、ときにユーモラスで、少し切ない。さりげない話なのに、示唆に富んでいて、この星の真実を教えてくれるのである。——ほらね、孫と何も違わなくない？

私たちの孫の地球旅の期限は、星の王子さまのそれよりずっと長い。彼らは22世紀を見るのである。その長い旅が、ほんの少しでも快適に始まりますように。必ず困難に出逢うにしても、それを乗り越えるタフな心の翼を手に入れられますように。そのために、私たち祖父母だからこそ、できること。この本は、そんな思いで書いてみたつもり。少しでもお役に立てば、本当に嬉しい。

この本は、扶桑社の赤地則人氏のたっての希望で書かせていただいた。「初孫がまだ2歳、祖母としてはまったくの初心者なのに、世間の祖父母の皆さんに何か言うのは僭越では？」と尻ごみする私に、「同じように幼い孫を持つ母とかわいい甥姪のために、ぜひ今この一冊を」と懇願してくださった。たしかに、かわいい盛りの孫を抱いている今だからこそ書ける思いがあるかもしれない……そう思って筆を執った。一冊の本が出来上がるのは縁だなぁとつくづく思う。地球旅のベースキャンプに我が家を選んでくれた兄太朗さんと、赤地さんの、お母さまと妹さんのお子さまたちへの愛のおかげで、この一冊が出来上がった。そして、同じように孫に目を細めるあなたに、この一冊が届いたこと――想像するだけで、嬉しくて泣けてくる（今、本当に泣いてます）。

ではでは、私たち自身の地球旅の続きと、孫の始まったばかりの地球旅への伴走をめいっぱい楽しもうじゃありませんか！

2024年5月　爽やかな風の宵に

黒川伊保子

黒川伊保子（くろかわ いほこ）

脳科学・人工知能（AI）研究者・感性アナリスト。

1959年、長野県生まれ。奈良女子大学理学部物理学科卒業後、コンピュータ・メーカーにてAI開発に従事。

2003年より（株）感性リサーチ代表取締役社長。語感の数値化に成功し、大塚製薬「SOYJOY」など、多くの商品名の感性分析を行う。また男女の脳の「とっさの使い方」の違いを発見し、その研究成果を元にベストセラー『妻のトリセツ』『夫のトリセツ』『夫婦のトリセツ　決定版』（いずれも講談社）、『娘のトリセツ』（小学館）、『息子のトリセツ』『母のトリセツ』『60歳のトリセツ』（いずれも扶桑社）を発表。他に『母脳』『英雄の書』（ポプラ社）、『恋愛脳』『成熟脳』『家族脳』（いずれも新潮文庫）などの著書がある。

デザイン／塚原麻衣子

扶桑社新書 501

孫のトリセツ

発行日 2024年 7 月 1 日　初版第1刷発行
　　　 2024年10月10日　　 第4刷発行

著　　者………黒川伊保子
発 行 者………秋尾弘史
発 行 所………株式会社 扶桑社
〒105-8070
東京都港区海岸1-2-20 汐留ビルディング
電話　03-5843-8842（編集）
　　　03-5843-8143（メールセンター）
www.fusosha.co.jp

DTP制作………株式会社 Sun Fuerza
印刷・製本………株式会社 広済堂ネクスト

Printed in Japan　ISBN 978-4-594-09751-6